从零开始学
理财
通向财务自由之路

韩中华 主编

化 学 工 业 出 版 社
·北 京·

内 容 提 要

本书从为读者提供实战性知识角度出发，用10章内容，系统讲述理财前一定要知道的重要概念；如何合理储蓄顺带银行理财来增值原始资金；普通白领如何盘活手上的可用资金；先为自己构建坚实保障的保险投资；越来越流行的互联网金融理财；高风险与高回报并存的股票投资；收益稳健的债券投资；让专业人士帮你赚钱的基金理财；黄金与外汇投资；房产投资等知识。通过阅读本书，读者可掌握关于理财的核心技能，对理财能力提升及实现财富自由均大有裨益。

投资有风险，理财需谨慎。本书所述内容不作为投资、理财决策的依据。

图书在版编目（CIP）数据

从零开始学理财：通向财务自由之路/韩中华主编. —北京：化学工业出版社，2020.7（2024.9重印）
ISBN 978-7-122-36604-7

Ⅰ.①从… Ⅱ.①韩… Ⅲ.①私人投资-基本知识 Ⅳ.①F830.59

中国版本图书馆CIP数据核字（2020）第054231号

责任编辑：高 震　　　　　　　　　　　　　　美术编辑：王晓宇
责任校对：盛 琦　　　　　　　　　　　　　　装帧设计：水长流文化

出版发行：化学工业出版社（北京市东城区青年湖南街13号　邮政编码100011）
印　　装：北京盛通数码印刷有限公司
710mm×1000mm　1/16　印张14　字数224千字　2024年9月北京第1版第3次印刷

购书咨询：010-64518888　　　　　　　　　　售后服务：010-64518899
网　　址：http://www.cip.com.cn
凡购买本书，如有缺损质量问题，本社销售中心负责调换。

定　　价：48.00元　　　　　　　　　　　　　　版权所有　违者必究

前言

20世纪90年代初，"理财"一词出现。随着我国经济的不断发展以及市民总体收入的逐年上升，这一概念发展至今，逐渐成为人们日常生活中的一部分。我们通过"你不理财，财不理你"这句大众耳熟能详的俗语便能够体会到理财的重要性。

理财"理"的是一生的财富，这不是短短一两个月、一两年便可以完成的。虽然理财已经逐渐走俏，但是很多人却没有正确理解这一概念。许多白领认为，自己收入一般，没有理财的"资本"，因此直接放弃理财这一有效的"致富"方式，更有甚者在理财过程中由于操作不当，不但没有达到真正的理财目的，反而蒙受损失。

需要明确的是，理财并不简单，它是一项难度系数高且涉及风险要素多的重要活动。看到这里，你是不是会对理财产生一些抗拒感？其实如果我们换个角度看，理财就像做题一样，如果大家根本不了解这道题的考点也不知道与题目有关的知识，自然在解题时会感到格外吃力。但如果反过来，大家对题目十分熟悉，一眼就知道需要调动哪些知识点，那么困难不就迎刃而解了吗？因此，大家需要对理财中涉及的内容进行充分了解与掌握。

本书写作的目的就是为了带领大家正确认识理财，并且解决理财过程中产生的问题。通过本书，读者能够从生活中总结经验，对理财有一个正确的认知，并且学习如何通过制订适合自己的理财计划，让个人和家庭的收入有所改善，加速财富自由目标的实现。与此同时，还可以学会各类理财产品的开户、买入、卖出等操作与技巧，提升理财技能。

理财最好的方式是投资，投资当然就会有风险。在本书中，针对理财操作中有可能出现的各种风险都进行了较详细的介绍，以避免读者在理财过程中陷入误区遭受损失。尤其是对于刚开始接触理财的人来说，规避风险是非常重要的。

另外，本书在编写过程中，为了充分体现"从零开始"，在讲述抽象性的专业术语、行业名词时，还加入了大量的图表对比分析图、逻辑关系图以及相关案例，增强了易读性与参考性。全书通过大量的案例分析、原因分析、内容分析等，有助于读者能够花费最少的精力，更为全面地了解理财的精髓所在。

理财是借助各种工具来实现财富最大化的过程，因此，从现在开始重视理财的作用，并且树立正确的理财观念，通过理财实现财富自由，对于任何人来说都为时不晚。本书由韩中华主编，张进财、杨怡冰参编。最后，因笔者水平有限，疏漏之处在所难免，恳请广大读者批评指正。

特别提示：投资有风险，理财需谨慎。本书所述内容不作为投资、理财决策的依据。

编者

目录

第1章 理财前一定要知道的基础知识 … 1

1.1 正确处理积累与理财 … 2
- 1.1.1 财富积累＝工资＋理财 … 2
- 1.1.2 树立正确的金钱观、消费观 … 3

1.2 搞懂理财收益率 … 4
- 1.2.1 收益率的不同类型与计算方法 … 4
- 1.2.2 警惕隐藏在收益率中的猫腻 … 6

1.3 复利：让钱快速生钱 … 8
- 1.3.1 复利的概念与72定律 … 8
- 1.3.2 如何投资才能实现复利式增值 … 10

1.4 理财过程中应严守的理财法则 … 12
- 1.4.1 4321法则 … 12
- 1.4.2 80法则 … 15
- 1.4.3 不断增大财产性收入比重 … 16

1.5 3种常见的理财策略分析 … 19
- 1.5.1 固定比例投资策略 … 19
- 1.5.2 平均成本法投资策略 … 21
- 1.5.3 投资理财中的向日葵原则 … 22

第 2 章　如何合理储蓄顺带银行理财来增值原始资金　26

2.1　年轻人储蓄时应有的态度　27
2.1.1　储蓄≠抠门省钱　27
2.1.2　保持自律是储蓄的第一步　29

2.2　年轻人储蓄实战技巧　32
2.2.1　设立储蓄目标，每日记账　32
2.2.2　整存整取或零存整取　36
2.2.3　有限收入下分配好储蓄与消费的方法　39
2.2.4　储蓄与消费比例　41

2.3　利用储蓄实现银行理财　42
2.3.1　注意理财产品的发行出处　42
2.3.2　银行理财产品的3种基本类型　44
2.3.3　银行理财产品的5个风险等级　46

第 3 章　普通白领如何盘活手上的可用资金　49

3.1　普通白领手上最好的理财资源是银行卡　50
3.1.1　借记卡与信用卡的区别　50
3.1.2　信用卡刷卡消费技巧　52

3.2　利用信用卡盘活手中资金的技巧　54
3.2.1　利用信用卡免息期获得更多短期资金　55
3.2.2　利用信用卡权益更优惠省钱、赚钱　56
3.2.3　合理理解信用卡的隐性价值　59

3.3　盘活信用卡资金时需警惕的陷阱　61
3.3.1　数量贪多，额度贪高　61
3.3.2　最低还款往往就是最高利息　63

第 4 章　先为自己构建坚实保障的保险投资　　65

4.1　保险投资的相关概念　　66
- 4.1.1　保险及保险代理人的定义　　66
- 4.1.2　购买保险时的"双十定律"　　68

4.2　进行保险投资时的注意事项　　70
- 4.2.1　7种保险投资类型及适用人群　　70
- 4.2.2　投保原则：先保安全，后看收益　　73
- 4.2.3　投资型保险收益的正确看法　　75
- 4.2.4　各类型保险最划算投资技巧　　77

4.3　如何实现高效保险理赔　　79
- 4.3.1　以车险为例的保险理赔技巧　　79
- 4.3.2　重复保险分摊原则　　81

4.4　普通白领购买保险时应规避的误区　　84
- 4.4.1　普通白领购买保险时的10个常见误区　　84
- 4.4.2　普通工薪三口之家保单分析　　88

第 5 章　越来越流行的互联网金融理财　　91

5.1　如火如荼的互联网金融理财　　92
- 5.1.1　互联网金融高速发展背后的原因　　92
- 5.1.2　互联网金融理财的优势与特点　　94

5.2　4种主流的互联网金融理财模式　　96
- 5.2.1　余额宝：网络基金理财模式　　96
- 5.2.2　娱乐宝：众筹型互金理财　　99
- 5.2.3　融360：借助互联网金融门户理财　　101
- 5.2.4　第三方支付：利于缓解自身资金压力　　103

5.3 如何通过主流互金平台让生活更轻松　　106
　　5.3.1 京东白条、蚂蚁花呗让购物更轻松　　106
　　5.3.2 网络借贷，这样还款利息最低　　109

第 6 章　高风险与高回报并存的股票投资　　112

6.1 玩转股票投资的前提是平稳心态　　113
　　6.1.1 什么样性格的人才适合炒股　　113
　　6.1.2 进行股票投资时应先练就的心态　　115
　　6.1.3 股市开户，股票买卖流程　　118

6.2 建立属于自己的股票投资思维框架　　120
　　6.2.1 如何利用巴菲特的价值投资选出一只潜力股　　121
　　6.2.2 建立属于自己的股票投资思维框架　　124

6.3 股票投资策略选择与实战技巧　　128
　　6.3.1 短线投资方法技巧　　128
　　6.3.2 中线投资方法技巧　　132
　　6.3.3 长线投资方法技巧　　135
　　6.3.4 遭遇股票套牢时的解套技巧　　137

第 7 章　收益稳健的债券投资　　141

7.1 债券投资的相关概念　　142
　　7.1.1 债券的定义与特点　　142
　　7.1.2 常见债券的基本品类　　143

7.2 如何测算债券投资收益与风险　　146
　　7.2.1 债券价格及相关影响因素　　146
　　7.2.2 债券收益率的4种计算方法　　148
　　7.2.3 6种可能的债券投资风险　　150

7.3 进行债券投资时的策略选择与实用技巧　　152
7.3.1 消极债券投资策略：持有到期赚利息　　152
7.3.2 积极债券投资策略：利用价差赚取高于票面的收益　　154
7.3.3 做好债券投资的4种实战技巧　　156

7.4 年轻人债券投资实战案例　　158
7.4.1 如何选择及购买国债　　158
7.4.2 选择及购买公司债时的注意事项　　160

第8章 基金理财：让专业人士帮你赚钱　　163

8.1 基金理财的相关概念　　164
8.1.1 基金理财的投资优势　　164
8.1.2 基金理财流程与收益计算　　166

8.2 如何进行基金理财赚取更多收益　　167
8.2.1 基金理财的"4433法则"　　168
8.2.2 债券型基金投资技巧　　170
8.2.3 指数型基金投资技巧　　171
8.2.4 如何规避基金的风险　　175

8.3 稳健的基金定投　　178
8.3.1 采用基金定投的优势　　178
8.3.2 做好基金定投的3个诀窍　　180

第9章 黄金与外汇投资：资金保值　　183

9.1 黄金与外汇理财的优势　　184
9.1.1 黄金理财：抵御通胀　　184
9.1.2 外汇理财：平衡汇率变化　　186

9.2 黄金理财技巧及注意事项 187
9.2.1 常见黄金理财基本品类 187
9.2.2 黄金买卖时机3大判断方法 190
9.2.3 现货黄金与纸黄金投资技巧的不同 191
9.2.4 黄金投资最忌频繁短线操作 194

9.3 外汇理财技巧及注意事项 195
9.3.1 新手外汇理财入门 195
9.3.2 外汇投资套利技巧 197
9.3.3 规避炒汇风险和人民币升值损失的方法 199

第10章 房产投资：不动产理财实战技巧 201

10.1 适合年轻人租房的理财技巧 202
10.1.1 不要为存储空间过度花费租金 202
10.1.2 押金缴纳及避免租房贷套路技巧 204
10.1.3 合租房如何更省水、电、燃气费用 206

10.2 背负房贷情况下的3种实用理财方法 207
10.2.1 每月房贷占比不超过家庭收入的三分之一 207
10.2.2 更划算的购房款支付策略 209
10.2.3 公积金效用最大化3步走 212

第 1 章

》理财前一定要知道的基础知识

量入以为出。　　　　　　　　　　　　　——《礼记·王制》

1.1　正确处理积累与理财

"财富"一词对于大众而言具备很大的魔力,实现财富自由是许多人心神向往的目标。但与此同时,财富自由又像是"高岭之花",想要实现这一目标并不容易。如果想要实现财富自由,还是需要对其进行更深入、更本质的了解,充分掌握其运行规律。

1.1.1 >> 财富积累 = 工资 + 理财

在实现财富自由之前,我们需要明白一个道理:大多数的人都只是普通人,真正的天才寥若晨星。许多人对自己的认知存在一个误区:隐隐约约认为自己并不普通,认为自己的所有能力都远比平均水平要高,在财富积累这件事上也不例外。但事实上,人们或许在某些方面或多或少有自己的长处,但并不表明自己就是天才。对于普通人而言,学习某种技能,发挥自己的优势,通过努力工作来自食其力,最后的成功率高达95%,而"一夜暴富"的可能性则不到1%。在这种情况下,我们会选择哪种做法呢?

也就是说,如果我们想要实现财富自由,进而实现更多的目标,关键在于通过努力做好自己的本职工作,并且不断提升自己的技能,发挥自己的长处,才能为实现财富自由奠定良好的基础。

看到这里,也许会有人感到疑惑,那不就是当一个普通的上班族好好工作吗?这要等到什么时候才能实现财富自由呢?事实上,财富积累正是实现财富自由的第一步,尤其是对于那些初入职场的人来说,这一步显得更为重要。只有赚取足够的本金,才能开启下一个步骤,无论这个步骤选择的是储蓄还是投资。所以,对于人们来说,在努力工作的同时,应该不断提升自我价值和工作能力,再收获更高的薪资水平,以此来完成财富积累。

在财富积累的过程中,通过努力工作来获得报酬,一直以来都是最主要的方式,无论是初出茅庐的职场"小白",还是资产过亿的富翁,都是一样需要工作的。然而,在工作过程中的态度,又决定着未来财富能够达到什么样的水平。

曾经任职福特公司首席技术官的路易斯·罗斯(Louis Rose)表述过一个非常获得认可的观点:"在你的职业生涯中,知识就像牛奶一样是有保鲜期的。如果你不能不断地更新知识，那你的职业生涯便会快速衰落。"聪明的人都深谙此道，非常注重"自我增值"，这是因为他们都知道，只有自我能力的投资是不存在风险且会持续获得升值的。所以，在工作过程中，人们需要不断提升自己的能力，对自己持续投资，才是通向财富自由的真正道路。

我国经济的飞速发展，人们生活水平的持续提升，人们追求更加美好的生活，理财逐渐成为人们日常生活中的一部分。近些年，理财呈现出"井喷式"发展。除此之外，理财在实现资产保值的同时，还能够实现资产增值，让钱生钱，因此通过理财来获取财富也成为白领们资产保值增的技巧之一。

1.1.2 >>> 树立正确的金钱观、消费观

金钱的重要性毋庸置疑，即便大家通过各种各样的经济学的内容学习到，金钱是国家政府的背书信用符号，只是一种货币符号，但是大家依然不会否定它的重要性，因为大家都需要通过金钱来满足一定的物质条件。所以，一般来说，如果提问一个人："金钱可以用来做什么？"得到的回复往往不外乎"买房""买车""进行各种消费"等。

然而，需要明确的是，金钱是流通的，如果一味消费而没有进行其他操作，那么金钱只是通过自己的努力，从其他地方流到自己的手里，再通过自己的消费，最后流到其他地方。也就是说，对于只会消费而不会理财的人而言，金钱不过是在他们口袋中短暂停留而已。

很多人都在认真的消费，但是研究怎么挣钱的却不多。即便大家知道理财这种方式，但是与真正能够做到这一件事之间却存在着巨大的鸿沟。当需要消费时、当资金不够用于投资时、当生活中继续用钱时等情况，都让我们忍不住动用那些想要用于理财的资金。生活中存在的不确定性太高，以至于大家都会被自己的惯性思维打败，因为在潜意识中，大家还是更加注重消费，更害怕面对困难，也更希望获得高品质的生活水平，导致自己都忘了理财的最终目标。这是因为大多数人只知道自己想要获得更多的东西，但是具体想要什么，却不够明确。

所以，我们要学会让自己手中的资金变得有"生命"，在自己手中不断流动的同时还能获得增长。这便要求大家能够明确自己的金钱观，通过自己对资金进行打理，进而为自己的财富赋能。

做好理财能够帮助人们的财富增值保值，除此之外，理财对于人们来说，还

能够起到什么样的作用呢？具体来说体现在以下5个方面：平衡收支、实现消费计划、促进家庭和谐、对子女教育、规避风险。

另外，值得一提的是，理财不是立马有效果的。很多人咨询理财师时，通常会问："时间需要多久""一本万利吗"等问题。著名天使投资人李笑来曾经针对投资时间说过一句话："你花时间在娱乐上，那就是在消费，如果你花时间在学习上，那你就是在投资。"对于每个人来说，时间是平等的，大家每天都只有24小时，但为什么在同样的时间里，有的人能够做的事情却更多呢？有人会说是能力的差距，有人也认为是资源的分配不均，但其实更重要的是那些能够在同样的时间里挖掘更多有效内容的人，究其原因，只在于两个字：聚焦。

时间是公平的，对于所有人来说都是一样的，因此应当结合"二八原则"，花80%的时间来完成20%的重要事情，而不是终日忙碌于琐事。当我们学会聚焦重点，对一件事投入的精力和时间越大，获得回报的可能性便越高。也就是说，对于理财这件事不能着急，需要通过时间的沉淀来看到回报。

一个人想要实现财富自由，应当要学会"两条腿走路"：其中一条腿用来努力工作并且提升自我，进而积累知识与财富；另一条腿则用来理财，确保财务安全。

1.2 搞懂理财收益率

随着近几年理财概念的普及，很多普通民众不顾一切地投入到了理财的潮流中，但他们没有意识到，自己对理财知之甚少，从未系统、深入地了解过理财的概念。这也导致了大部分人的理财收益低，甚至发生亏损。

随着人们手中的财富积累越来越多，每个人都必须掌握一些基础的财务管理知识。即便不参与理财，在赚钱和花钱等涉及财务问题的时候，也需要了解一些基本的财务概念。这里面第一个需要了解的就是理财收益率。

1.2.1 >> 收益率的不同类型与计算方法

在做事情之前最好提前计划，这样当我们遇到问题时，就能有更好的解决方案，不会被突发事件压垮，理财也是如此。事实上，对于投资者来说，在进行财富管理之前，最好先制订一个合理的个人投资和理财计划，这对财富管理很有帮助。

投资理财是"外行看热闹，内行看门道"的一件事。没有相关经验、初入理财领域的"小白"，还是要多学习一些相关的知识。对于投资者来说，知道如何计算财务的收益率是非常重要的。如今，市场上的很多理财产品看起来可以日进斗金，但如果仔细计算成本，我们就会发现在扣除相关费用之后，收益平平，完全没有达到预期的效果。因此，我们需要知道如何计算收益。

一般的理财产品，收益的计算方法如图1-1所示。

> 收益＝购买资金×（年收益率÷365）×理财实际天数

图1-1 收益的计算方法

> 例如，某理财产品的期限为10天，预期的年收益率为5%。如果有人购买100000元，在产品到期后，可以得到的收益为：100000×（5%÷365）×10＝136.986元。

不同类型的收益率，计算方法上也有一定差异。下文将具体介绍这些与收益有关的基本概念与收益率的计算方法。

1. 年利率、月利率和日利率

年利率是以年为周期计算收益。例如，某银行的活期存款利率为0.35个百分点，存入100元，一年后可以得到的利息就是0.35元。

$$月利率＝年利率÷12$$
$$日利率＝年利率÷360^{❶}＝月利率÷30$$

---

❶ 有些理财产品一年按360日计算。

此外，一些民间借贷经常会讲到"几分利"这个概念，如果是月利率，1分利代表月利率1%，年利率12%，如果是年利率，1分利代表年利率10%。还需要说明的一点是，在产品的时间上，银行的理财产品一年按照360天计算，其他类型的理财产品一年按照365天计算。

2. 到期收益率和年化收益率

如果理财的本金是100000元，最后得到总计105000元的本金和利息，那么收益率 =（105000 - 100000）÷ 100000 × 100% = 5%。这里的5%代表的是到期收益率，到期收益率的计算与理财年限无关。

年化收益率，则是将一定时期内的收益率转换为年收益率，即购买理财产品一年可以获得的收益率。例如，投资本金是100000元，如果每天的收益是10元，年化收益率 =（10 ÷ 100000）× 365 × 100% = 3.65%。

随着技术的发展进步，理财收益的计算早已不再是一个难题，有很多网站都提供理财收益的计算服务，如图1-2所示的理财收益计算器，只要输入本金、期限与年化收益，就会自动计算出理财收益，既快捷又准确。

当下的投资理财产品种类越来越多，但收益的计算方法几乎都是一样的。投资者在购买理财产品之前可以先计算一下预期的收益，再选择最合适的理财产品，谋求理财收益最大化。

图1-2 理财收益计算器

1.2.2 ▶▶ 警惕隐藏在收益率中的猫腻

当下某些理财方式会隐藏"陷阱"，面对财务管理的种种"陷阱"，除了正确利用法律渠道维护自己的权益外，最重要的还是提高警惕，不要被所谓的高收益产品蒙骗盲目投资，警惕藏在收益率中的猫腻（图1-3）。

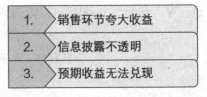

图1-3 高收益率背后可能存在的问题

1. 销售环节夸大收益

在理财产品的销售过程中，一些客户经理往往会夸大收益，回避理财产品的风险性。不切实际、夸大的收益值得投资者警惕。

> 住在郊区的王爷爷去某银行存钱时，营业大厅工作人员向他介绍了一种"比银行存款收益更高的理财产品"。王爷爷被高收益打动，听从了工作人员的建议，购买了这个所谓的"高收益理财产品"。后来，家里人发现这其实是一种保险产品，且不属于银行的正规产品，是银行工作人员借职务之便接的私单，并夸大了理财产品的回报率，导致很多客户误买了这种徒有虚名的"理财产品"。

此外，许多金融产品的宣传单上经常出现类似"预期收益稳定""过往表现优异"之类的促销文字来吸引投资者。对此，专家建议，投资者应该远离那些过分强调高收益，绝口不提高风险的理财经理。购买理财产品前，务必仔细阅读产品的合同条款，重点查看收益的回报率，是年化收益率还是累积收益率，是税前收益率还是税后收益率。还要注意理财产品的流动性，是否可以提前终止，这样，当理财产品出现较大损失时，可以及时赎回。

2. 信息披露不透明

一些理财产品的产品净值和经营状况不够公开、透明。投资者最好对购买的产品多一些关注。除了查看账单报表外，还可以致电客户经理以获得最新的理财产品运营信息。

> 一位张先生购买过一款理财产品，是一家在瑞士证交所上市的外资银行发行的与股票有关的理财产品。这款理财产品不向投资者公开股票的价格，每季度只公布理财产品净值。

这种状况主要发生在一些与外国资本挂钩的理财产品，外国股票、黄金或者是资源性产品价格等理财产品中。此外，还有一些理财产品关于产品规格的信息披露不完善。例如，一些银行理财产品找专门的机构做自己的投资顾问，但对投资顾问的资质没有进行全面的考察，这种滥竽充数的投资顾问也会误导投资者。

理财专家表示，目前我国的一些银行理财产品的信息并不完全透明。产品的运营走势必须通过报表、产品通知或者主动联系客户经理才能知道。这种现象在外资银行和城市商业银行中比较严重。投资者应该时刻关注理财产品的报表，关注当前的净值表现和自己的收益情况。

3. 预期收益无法兑现

许多投资者被理财产品预期的高收益率所吸引，冲动购买理财产品，但最后未能达到预期的收益率。

> 某地的李先生坦言，他投资的信托计划去年的亏损超过一半。该理财产品的投资门槛300万元，总规模达到了4亿。虽然该产品在宣传单上的预期收益超过20%，但实际一年亏损就高达34个百分点。

这种问题的出现，可能是由于投资者选择了不符合自己风险承受能力的金融产品。对此，专家表示，在阅读产品说明书时，投资方向是投资者需要关注的重点。它是衡量理财产品风险的指标。如果在产品说明书里的投资方向上出现了"股票""基金""大宗商品"等高风险资产，则意味着该产品的风险性较大，实际收益很可能达不到预期收益。如果投资方向是较低风险资产，如"国债""央行票据""银行拆借"等，则理财产品收益达到预期收益率的概率较高。

总之，投资者需要明白的是，理财产品都会有不同程度的风险。投资者在购买理财产品之前都需要对产品进行风险评估。看看自己的风险承受能力与想购买的理财产品是否匹配。不要被高收益率迷惑了双眼。

1.3　复利：让钱快速生钱

复利投资是普通人进入财富之路的"敲门砖"，但大家真的了解复利吗？下文将为大家讲述复利的概念与72定律的妙用，以及如何让财富实现复利式的增长。

1.3.1　▶▶ 复利的概念与72定律

复利的概念是在每一个利息周期过后，将所赚取的利息加到本金中，计算下一个阶段的利息。这样，在每一个利息周期中，前一个利息周期的利息将成为新一个利息周期的本金，这就是民间投资所说的"利滚利"。复利不是一种投资产品，而是一种计算利息的方法。

关于复利有一个很著名的故事。从前，有一个国王喜欢打仗，但是打仗劳民伤财，有人发明了国际象棋，让国王可以在棋盘上体验战斗的快感。国王非常高兴，准备奖励这个发明国际象棋的人。发明国际象棋的人对国王说："不要金，不要银，只要麦子就足够了。"国王问："那么，你想要多少麦子？"发明家说："我发明的棋盘共有64个格子，请陛下在第一个格子里放入1粒麦子，第二个格子里放入2粒麦子，第三格4粒，第四格8粒，以此类推，每格的粒数是前一格的两倍。"（图1-4）。

图1-4 麦子的复利故事

国王欣然同意，等到他睡了一觉之后发现那个人还在王宫里。国王问："你为什么还没走？"那个人说："棋盘还没有装满。"士兵说："粮仓里的麦粒已经运到一半了，刚好装满第45个格子……"国王后悔了，因为他没有那么多的麦粒。按照发明家的计算方法，麦粒的总重量约1511亿吨。这个数字非常惊人。根据当时的世界粮食总产量，要800年才能装满棋盘。

复利的计算方法是：本利和＝本金×（1＋利率）^{n}。

式中，n为期数。

例如，本金是10000元，按每年10%的回报率计算。在第一年结束的时候，投资者可以得到11000元，而11000元将继续按收益的10%进行利益回报。第二年年底就是11000×1.1＝12100元，第三年年底就是12100×1.1＝13310元。这个公式没有计算器是很难准确计算的。为此，人们发明了简易算法，即用72定律来计算复利。计算投入可以翻倍的年数。

当我们购买理财产品时，如果年化收益率是$X\%$，用72除以X，得到的数值就是投资翻番需要的时间。

例如，如果投资30万元在某高风险理财产品，年收益率为12%，这30万投资翻一番的时间大约需要6年。计算方法是$72 \div 12 = 6$，这意味着6年后，投资人可以拿到60万元。如果投资人认为6年太长，想在3年内翻倍，那么就用$72 \div 3 = 24$，即选择一个年回报率24%的理财产品，如果实际收益符合预期收益，3年内就可以达到翻一番的目标。虽然买彩票可以实现一夜暴富，但这毕竟是极小概率的事件，但做好理财，实现财富翻倍不是梦。

复利最大的奥秘就是利用金钱的时间价值。如果投资人想用复利效应积累财富，需要尽早开始，否则，和别人的财富差距会越来越大。掌握复利的概念方便投资人快速计算财富翻番的时间，便于投资人不同时期的理财规划与投资工具的选择。为了缩短财富增长的周期，也可以在复合计算结果的基础上合理组合不同风险的理财产品，使年收益率在风险可以承受的范围内达到最大。

复利效应不仅仅是为了积累财富，还可以应用在知识和经验方面，只要是可以积累的事物都存在复利效应。合理管理财务肯定会帮助我们积累财富，所以只有尽早开始理财，才能尽早得到收益。

1.3.2 >> 如何投资才能实现复利式增值

复利效应确实威力巨大，但想在投资上发挥复利效应，实现复利式增值还需要满足一些其他条件。

> 诺贝尔奖在100多年前被设立，为什么它好像是无限的？时至今日还没有发完？诺贝尔基金在1896年成立，财产总计980万美元。刚开始的时候，这笔钱只投资于银行存款与公共债务，不能用于任何高风险性的投资。
>
> 50年后，诺贝尔基金的财产随着奖金的发放，失去了三分之二。到了1953年，所剩资产只有300万美元。因为通货膨胀，300万美元仅相当于1896年的30万美元。奖金的金额越来越小，诺贝尔基金陷入了绝境。

诺贝尔基金的管理者们向世界著名咨询公司创始人麦肯锡求教,把300万美元的银行存款转换成理财产品,并雇用擅长股票和房地产投资的专家。借助麦肯锡的帮助,诺贝尔基金的濒危命运得到了改变,不但没有削减诺贝尔奖的资金数量,还远远超过了最初发放的奖金金额。

诺贝尔基金的投资历史是伴随着多种多样的自然灾害与战火的历史。但在这些灾难中,诺贝尔基金仍然获得了巨额的复利收益。据推测,从1953年至今,诺贝尔基金的复利速度在20%以上。

从诺贝尔奖的故事中,我们不难看出复利与本金、时间、收益率的关系。想让投资实现复利式增值,还是要从这三个因素入手。本书认为要遵循以下三项原则,才能实现投资的复利式增值,见图1-5。

1. 目标导向性
2. 越早越好的时效性
3. 长期维持的趋势性

图1-5　让投资实现复利式增长要遵循的三项原则

1. 目标导向性

每个有理想的人都有明确的目标。复利思维是为了实现最终的结果,有必要让投资人明确自己日常的理财目标,让他们了解自己的复利计划进行到了哪个阶段。将复利目标量化,今天的目标就要在今天完成。

2. 越早越好的时效性

理财开始的越快越好。复利的作用需要在时间的长河中发挥作用。如果开始的太晚,时间太短,复利的效果就体现的不够明显。因此,投资人最好对每一笔投资都有一个计划,尽早行动,为复利效应争取时间。如果没有时间,复利就无法起作用。有了目标,还要有时间,最后投资到理财产品。哪个环节出了问题,最终的目标都无法实现。

3. 长期维持的趋势性

曾经有人说过这样一句话"我们每个人每天都有一笔投资基金,就是我们的时间,关键是看怎么利用这笔财富。有的人把时间投资到了工作和学习上,有的人把时间投资到了家庭上,还有一些人把时间投入到了混沌之中。"也许这一天的投资不能解决什么问题,但是随着时间的累积,1年、2年、3年……30年。当初意想不到的结果就会自然而然地出现,这就是复利的神奇之处。

需要注意的是,复利效应依赖于使用者。十年苦读收获的不仅仅是一所好大学,还有良好的工作、高层次的人脉,以及更高级别的工作机会。每天固定的投资,会像滚雪球一样滚起来。简而言之,复利投资是一个良性循环,它的核心就是持续地增长,即使每天的增量微乎其微,累积下去也会变得可观。

每一天,我们的生命都有24小时。每天睡觉前,问一问自己:"我今天投资了吗?"坚持做下去的时候,即使只有一点投资,我们也会从复利中获益,进入一个良性的循环。树立正确的理财观念,制定长期可行的理财方案,始终如一地坚持理财,并运用复利的力量,财富将离我们越来越近。

1.4 理财过程中应严守的理财法则

随着我国社会经济的快速发展和生活水平的提高,愈来愈多的人理财意识得到增强。如今,许多家庭通过各种投资和理财产品实现了家庭资产的保值和增值。然而,仍有相当一部分人由于在财务管理过程中因为缺乏必要的知识而发生了亏损。为了真正实现财富的保值和增值,必须遵守财务管理中的一些金科玉律,如4321法则、80法则等。

1.4.1 ▶▶ 4321法则

银行的降息和理财概念的普及,使得更多的理财方式为我国人民所接受。便捷的运营模式和高增长的收益率使得许多投资于银行的存款投资者转向其他高收益的理财方式。其中一些"激进"的理财者,甚至投入全部家当购买理财产品。这是因为很多投资者在购买理财产品的过程中没有制订好计划,没有考虑到理财风险对生活的影响,只看到了利益却忽视了理财的风险。理财中的4321法则可以帮助投资人合理配置不同类型理财产品的比例,见图1-6。

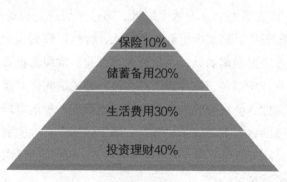

图1-6　4321法则

4321法则是指将财产总数的40%用于投资理财，30%用于生活费用，20%用于储蓄备用，10%用于保险。40%的投资理财是指股票、基金、外汇等高收益理财产品的投资，这种类型的投资通常是定期的。生活费用包括每月必需的食物、衣服、住房和交通消费，以及车辆的燃料和维修费，有房贷的家庭还包括偿还贷款。储蓄存款通常是活期存款，在需要时可以随时取出，应对急需用钱的情况。活期存款不一定要存在银行里，放在支付宝的余额宝里，收入会比银行高，转账、提现也很方便。保险更容易理解，就像上班族在工作中缴纳的"五险一金"中的养老保险和医疗保险一样，是一种长期的安排，万一家里收入的"顶梁柱"发生意外，有了保险就可以避免受到重创。如图1-7所示。

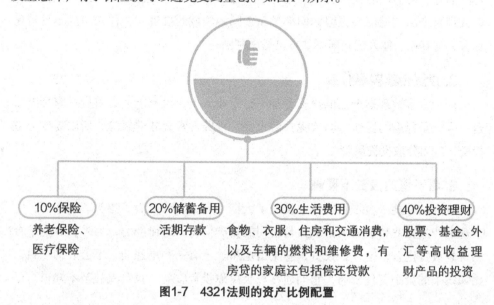

图1-7　4321法则的资产比例配置

理财中的4321法则可以分为两个层级。第一个层级是原始资金，可以根据4321比例直接匹配投资。第二个层级是月收入，也可以根据这个比例配置月收入的用途。但有一点需要强调的是，在投资配置方面，常规的投资大多是定期的，只能在到期后提取，所以对于这种理财还有另一种说法叫作"强迫性的存储"。国人都有一种趋向性，会根据收入的多少相应地形成一种消费理念。今天，在物质欲望越来越强烈的背景下，除了少数自控能力强的人，大多数年轻人基本上很难有积蓄，因此，基于4321法则分配自己的月收入，40%的资金用投资＋20%的存款的概念是非常必要的。

4321理财法则需要遵循以下三项原则，见图1-8。

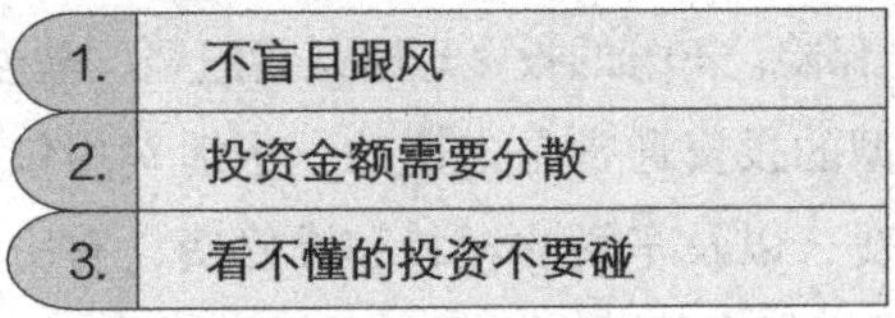

1. 不盲目跟风
2. 投资金额需要分散
3. 看不懂的投资不要碰

图1-8　4321理财法则需要遵循的三项原则

1. 不盲目跟风

理财必须有自己的判断能力。有的时候别人对你说某种理财产品好，不一定是真的好，可能产品还没有标准化，如果你不进去，他就出不来。或者他真的对这款理财产品充满信心，但你们都是属于同一领域的投资者，他知道的不见得比你多，与其相信他人的判断不如自己做出判断。

2. 投资金额需要分散

因为大多数理财产品的投资者都不是专业人士，没有能力去监视一家理财平台。今天是标准的操作，明天呢？后天呢？投资常常意味着风险，所以需要分散投资，进而分散投资风险。

3. 看不懂的投资不要碰

现在的一些平台项目宣传单发遍了大街小巷，设计充满了噱头。事实上，一个理财产品无非是披露出借款人与公司的资产信息、造血能力，另外，有些平台的背景设置比较复杂，让投资人感觉很茫然。还有一些不透明、不公开的项目，比如线下的金融管理公司，它们通常只会保障投资收益。投资人甚至不知道自己的钱用于何种用途,是股票?还是银行储蓄?所以看不懂的理财产品不要投。理财产品那么多,何必局限于一个自己看不懂的理财产品。

有些人认为"理财是有钱人的事",又或者"忙,没时间打理""钱太少,理财没效果"。还有人因为"我不懂理财"而放弃了对资产的管理。我们应当根据自己的实际生活对理财行为做出改变,保持收入与支出的平衡。积累一些资金作后备力量,才能使生活没有后顾之忧。

1.4.2 》》80法则

面对股票等高收益、高风险的理财产品,如果投资者学会运用80法则,投资决策就会相对容易得多。

经济学专家认为,使用经济学原理可以解决生活中的大多数问题。事实也确实如此,经济活动在我们的日常生活中扮演着至关重要的角色,以科学的原则指导投资行为,将更具有计划性和战略性。

随着人们经济水平的提高,投资和财务管理在人们经济活动中的比重也随之提高。在众多的金融规则中,80法则的是关注年龄和投资理财之间的关系。

理财中的80法则,就是投资者在投资理财时投资高风险理财产品的资金比例不能超过(80–年龄)×1%,如图1-9所示。80法则主要适用于股票投资。例如,一个人在30岁时投资股票的资金不能超过总资产的50%。

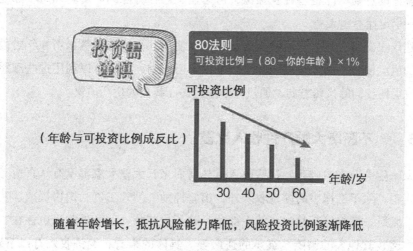

图1-9 80法则

客观地说，80法则是理财法则中一种非常直观的风险控制手段，计算的是不同年龄段高风险投资的比例。80法则强调年龄和风险理财之间的关系。年龄越大，风险理财的比例就越低，从追求高回报到追求保全本金。

80法则是从风险管理的角度出发，指导理财活动。这是理财实战中最实用的指导原则，风险是很多人在投资过程中容易忽略的一个问题，所以80法则也经常被大多数人忽略。但本书想提醒广大投资者的是，"80法则"传达的风险控制理念，并不一定适用于所以家庭和所有人。

通过80法则计算出的投资比例配置只是一个基本的参考，用公式计算出来的投资比例配置未必适合每个投资者。80法则并不代表年轻的理财者必须配置更多的高风险理财产品。最终的资产配置比例必须根据自己的资产结构和风险承受能力等多个因素判断。

在理财过程中确实有很多原则需要遵守。但如果机械地依赖80法则计算的投资比例，可能会事倍功半。显然，有些人拥有比普通人更高的经济实力和风险承受能力，但他们如果囿于80法则不能放手去做，不免有些可惜。所有的投资决策都死板地按照标准理论，反而会陷入理论误区。

大多数情况下，随着人们年龄的增长，抵御风险的能力会随之降低，而80法则本身的计算公式也包含了年龄因素，所以一些投资者在购买理财产品时，首先就会考虑年龄因素。无论是什么样的理财产品都会首先想到自己的年龄，就算遇到了合适的理财产品也会犹犹豫豫，考虑适不适合自己的年龄。理财不知变通，死守一个定律有害无益。

建议投资者在进行高风险投资前，可以使用80法则来计算出所在年龄段可以承受的风险值。不必完全按照80法则配置自己的财产，但可以利用这些理财知识更好地规划我们的投资方向，通过科学理财提高我们的生活质量。

1.4.3 >>> 不断增大财产性收入比重

人一生会有多少收入？这些收入是从何而来？大概大家都没有认真地考虑过这个问题。除了工作中的固定收入外，出差补助、绩效工资、销售提成、奖金、红利、股票、期权等都是收入的一部分。除了这些收入，意外收入也存在，如买彩票中奖、其他人的馈赠、继承的遗产等。具体的来看，经济收入有以下7类来源，见表1-1。明确收入类型后，我们就会发现，人一生的收入大概成型了。

表1-1 经济收入来源分类

项目	经济收入来源
1. 薪资类	工资、津贴、补贴、补助、绩效、奖金、提成
2. 福利类	五险一金、补充保险、非工资性补贴（如交通费、卫生费、托儿补助费、计划生育补贴、取暖补贴、防暑降温费等）、特殊岗位津贴等
3. 劳务类	创造发明的各种奖金、劳务费（如课题费、稿费、翻译费、讲课费等）、第二收入、兼职收入，咨询顾问费
4. 实物类	收到的各种可折现或者具有现金价值的礼品、礼物、卡、券等
5. 财产类	从银行和企业获得的存款利息、债券利、股息和股金分红
6. 转移得来的	馈赠、遗产、意外事故赔偿、捐赠等
7. 意外得来的	彩票、彩券、抽奖等

财产性收入也可以称之为资产收益，是指投资主体通过资本、技术、管理等因素参与生产活动所获得的收益。即家庭动产（存款、证券等）和不动产（房屋、车辆）的收入，以及转让财产使用权取得的收益，如出租房屋的租金和专利收益，理财收益和资产增值所获得的收益。

创新财务管理制度，使人们拥有多种多样的财务管理工具和产品，同时加强对现有理财产品与平台渠道、交易方式的监管。除了为国人创造更多的理财产品外，通过金融体系的创新，让人们使用更多的金融工具，是增加人们财产收入的必由之路。

进入改革开放的新时代后，我国城乡居民的收入来源逐渐多样化，收入构成有了新的变化。财产性收入已成为家庭总收入的组成部分。可以预见，随着收入的不断增长和财富管理知识的普及，我国的普通家庭也将会拥有更多合理、合法的财产性收入。

在欧美等发达国家，财产性收入早已是家庭总收入的重要组成部分。美国家庭的储蓄率很低，人们都倾向于将财产用于购买理财产品。财产性收入占美国家庭总收入的比重仅次于工资收入。与此同时，美国家庭也十分注重投资的多样化和分层，更加注重投资的风险控制。这种高比重的财产性收入与不同国家的国情有关。美国等发达国家，储蓄率低，投资比重高的原因是：社会保障水平较高，理财市场体系发达，理财产品种类较多，投资服务比较完善，政府还会通过一些优惠政策，提高居民的投资积极性，盘活国家经济。

相比之下，我国一般都有较高的储蓄率，较低的投资，银行理财依然占据主导地位。但近些年随着移动互联网的普及，理财的形式更多样。

> 小王是浙江某高校的一名大学生，从大二开始，他的学费都是通过理财赚来的。
>
> 财务管理首先要有本金。小王说，他进入大学时父母给了他四年的学费。加上生活费和压岁钱，他自己就有5~6万元的理财本金。小王利用这笔本金进行了多样化投资。经过详细的规划，他将部分资金投入风险较高收益较高的渠道，拿出另一些资金去购买固定投资，还有一些零花钱被放进了余额宝。
>
> 2017年上半年，股市一片繁荣，小王也拿出一部分资金进入股市。"我在初期挣了一些钱，但基本上又在后期赔没了。不过最初投入的钱很少，主要是用来学习的"。小王认真地说。
>
> 现在很多学生会使用信用卡，小王也试过一次。他说，信用卡是为了更好地管理财富，不会像一些学生那样大手大脚花钱。
>
> 从大一开始，小王就养成了记账的习惯。基本上，支出超过100元的，他都会记录在账本上。此外，他的微信关注了几个财经方面的公众号，平时看一些理财知识，或者去学校听财经讲座。他也会利用假期时间做一些兼职或实习。小王认为"通过合理的财务管理来挣学费并不难"。
>
> 当然，财务管理总是有风险的。小王有些同学投资了黄金，进入了股市。有的发生了非常严重的损失。总的来说，大学生投资理财还是要求稳，保持理性，经受住高收益的诱惑。

通过小王的例子，可以得出投资理财实际上是有门槛的。无论是房地产、黄金还是股票都需要一定的资本、知识与时间。

你不理财，财不理你。许多人总是希望可以继续提高工资，有更多的收入，认为凭借工作的报酬就可以过上幸福的生活。事实上，很多时候虽然收入增加了，但同时花的钱也更多了，买更大的房子，买更好的车，工资涨了，贷款也越来越多，又继续寄希望于涨工资。钱是永远都不够花的，从长远来看，就形成了一个奇怪的循环。如果我们想跳出这个循环，就要养成良好的理财习惯，克服一些不必要的欲望，用理财不断增强财产性收入在家庭总收入中的比重。

1.5　3种常见的理财策略分析

随着全民理财热潮的兴起，愈来愈多的人开始进入理财行业。然而，对于财务管理，很多人并不了解它，所以很容易走"弯路"。为了让大家熟悉理财，通过理财实现财富增值目标，一些基础的概念了解是必不可少的。

除了上文中应严守的理财法则外，建议大家还要掌握下文中的三种理财策略：固定比例投资策略、平均成本法投资策略以及投资理财中的向日葵原则。

1.5.1　固定比例投资策略

固定比例投资策略，也被叫作公式投资法。具体的操作方法是：投资者以固定比例的资产购买不同类型的多个理财产品。固定比例投资法多用于投资基金，这些基金包括股票、债券、指数基金、混合基金与货币基金。固定比例，是指在某基金购入一段时间后，由于该基金的市值发生了变化，投资比例也随之发生了变化，这时就需要投资人通过卖出或买入，保持原有的投资比例。

> 举一个简单的例子，假设A某购买了50%的股票基金、30%的指数基金以及20%的债券基金。一段时间后，A某购买的股票基金快速增值，占个人总投资的比例从50%上升到了80%。这时A某就应该卖出30%的股票基金，以维持50%的固定比例。这是最简单的一种操作方法，还有一些投资者会重新调整比例，卖掉股票基金然后将股票基金的收益按照5:3:2的比例分配到股票基金、指数基金与债券基金中去，以维持固定的投资比例。

> 一些投资者选择在年末调整自己的固定比例投资。例如年初时A某购入了50%的股票基金、30%的指数基金与20%的债券基金。到年末时，股票基金损失了10%，指数基金和债券基金分别赚了10%，然后A某会重新调整三种基金的比例，试图将资产比例还原为初始的比例。如果三种基金都在赔钱，无法达到盈亏平衡，可以增加投资，使之达到原来的比例，或者以逸待劳，一直等到某支基金的比例上涨再分配。总而言之，保持好5：3：2的投资比例。

固定比例投资最大的优点是可以保持基金投资的低成本，通过分散投资抵御风险。当某基金快速上涨时，其他基金可能下跌。然后，迅速卖出上涨基金的收益，用这笔钱补充低价基金。在某些情况下，购入的基金价格变化微乎其微，投资人可以选择继续持有，也可以继续以同样的比例买入，按兵束甲地潜心等待基金的上涨。这种投资方式的主要目的就是收回已经盈利的资金，避免因为贪心而赔钱，也不会因为其中一种基金的亏损而耿耿于怀，情急之下将基金低价出售，造成巨大的损失。随着时间的推移，只要基金的选择是正确的，利润也会可观。

固定比例投资并非一成不变，不同的投资者会根据自己的风险承受能力和理财经验做出不同的改进，或者与其他投资方式相结合，形成自己独特的投资风格。例如，固定比例投资结合定投，就是一种常见的理财手段，它既能抵御风险，又能提高盈利，不会因为一时的贪心或丧气而失去盈利机会。固定比例与长期持有相结合，可以降低大规模投资的风险，使资金运作更加灵活。

固定比例的调整频率要多久一次呢？有上文例子中一年调整一次的，也有些投资者根据市场需求调整。例如，当"牛市"到来时，调整频率较高，而在"熊市"，调整的频率会相应降低。有金融专家认为每三个月调整一次会大大提高固定比例投资的盈利能力。

在使用固定比例投资方法时，需要注意要购买不同类型的基金。例如，如果你买了一只混合基金，另一只就不要再买混合基金。还要尽量避免股票基金是相同的类型，例如一只指数基金是保险基金，另一只就不要再选择保险类型的基金。如果继续购买同类型基金，投资风险会不降反增。

固定比例投资方法的优点是操作简便，新手也可以快速掌握。采用固定比例的投资方式,即使一方发生亏损,因为另一方的收益,也不会失血过多。但是,固定比例一旦确定下来就不应该随意改变,所以这是一种相对保守的投资策略,会失去一些好的投资机会。

1.5.2 ▶▶ 平均成本法投资策略

投资策略中的平均成本法简单地说,就是投资者每个月都用一定数量的钱购买股票或基金。当股票价格高时,购买的数量相对较少;当股票价格低的时候,购买的数量会较多,特别是在股票市场处于下降趋势的时候,平均成本法可以帮助投资者以较低的价格购买前景光明、有升值空间的股票。

平均成本法的优点是,投资者可以通过固定小额投资,在很长一段时间内积累财富。平均成本法的成功基于市场的总体趋势正在上升的假设。对于运营良好的公司而言,即使股价一时下跌,总有一天还会回升,投资者就可以从差价中获利。同时,由于定期购入,以表1-2为例假设投资者每月投资1000元,连续投资12个月后所持股份是巨大的,投资者所持有的股票数量不断增加,得到的红利也就越来越多。

表1-2 平均成本法投资示例

时间	每月投资额	基金单位价格	购得单位数目
第一个月	1000元	28元	35.7股
第二个月	1000元	24元	41.7股
第三个月	1000元	26元	38.5股
第四个月	1000元	19元	52.6股
第五个月	1000元	28元	35.7股
第六个月	1000元	30元	33.3股
第七个月	1000元	22元	45.5股
第八个月	1000元	28元	35.7股
第九个月	1000元	21元	47.6股
第十个月	1000元	18元	55.6股

续表

时间	每月投资额	基金单位价格	购得单位数目
第十一个月	1000元	16元	62.5股
第十二个月	1000元	23元	43.5股
总额	12000元		527.8股

股市上有这样一句话："我们不是败在市场，而是败在自己的性格"。投资理财中最大的对手不是市场上的其他玩家，而是自己的情绪，这会让我们在错误的时间做出错误的决定。当股价高升时，我们会乐观地认为它会继续上涨并买入；当股价下跌的时候，我们会担心它会继续下跌，很快卖出或者不敢卖出。平均成本法可以帮助投资者迅速做出决策，可以消除因为时机不正确带来的风险。同时，平均成本法投资策略是一种低成本和低门槛的投资。

也许一些积极的投资者愿意花时间和精力来研究市场行情，挑选基金、股票，认为他们可以找到最好的时间购买，并在峰值下降前售出，但这很难做到也很麻烦，交易成本会更高。如果投资人没有足够的洞察力去和市场赛跑，那么最好还是采用平均成本法，每月固定投资，几乎是最好的理财策略。

平均成本投资法也有一定的缺陷，并不是说投资人可以在任何情况下都采取这样的策略。这种方式未必适合所有投资人。对于风险承受能力低、投资周期较短、没有时间观察股票市场的被动投资者更适合。

这种策略的缺点是，如果投资人买了一只正在下跌、久久不能反弹的股票，并且还越买越多，就会发生亏损。因此，这种平均成本法最好用于ETF（交易型开放式指数证券投资基金），或者是债务低、现金流良好、具有优势的蓝筹股。即使投资人不能时刻关注市场，但在进入市场之前，仍然应该做一些功课，以确保购买的产品并非"金玉其外败絮其中"。股票价格下跌，可能是因为市场趋势，也有可能因为它本身就是一家糟糕的公司。要谨慎选择要购入的产品。

在常见的投资策略中，平均成本法投资策略称得上是一种集多种优势于一身的投资策略，投资者不需要刻意地拿钱去投资。同时，这也是一种低成本的投资方式，帮助投资者逐渐积累财富。

1.5.3 >> 投资理财中的向日葵原则

所谓投资理财中的向日葵原则（图1-10），便是模拟自然界中向日葵的生存法则制定我们的理财策略。

向日葵有花心与花瓣，我们将投资组合也可分为这两部分。"花心"部分是策略性资产配置原则下的核心投资组合，至少占到总资产的一半，方向以较稳健的绩优股或成熟股市的大型股基金为主，投资策略为长期持有，较长时期内不考虑卖出，目的在于获取长期的资本增值。

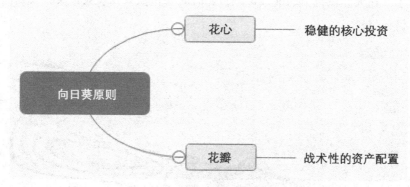

图1-10 投资理财中的向日葵原则

"花瓣"部分则是战术性的资产配置，机动性强，结合市场相机操作，具体办法视个人的风险偏好及可投入时间而定，可占总资产的10%~50%，持有投机股或新兴市场的基金。"花瓣"获利的决胜点在于对波段的掌握，看空市场时可以全部持有现金，看好市场时则可全数投入上涨潜力较大的股票或基金。

当然，向日葵都是追逐阳光生长的，投资理财中我们始终关注的也是如何找到正确的投资方向。稳健的"花心"部分，长期投资报酬率应维持在10%以上，才能实现雪球效应。当地上的积雪数量一定时，一大一小的两个雪球同时滚动，大雪球可以变得非常大，吸走绝大多数积雪，相应小雪球吸走的雪就会非常少，最后两个雪球的体积相差会更大。

经济学中，雪球效应还常被表述为"报酬递增率"，在"花心"部分的投资中，我们重点利用的便是此规律，每年10%以上的报酬率，在复利法则之下，增长性非常明显。

在乌云密布的日子里，向日葵也没有办法对准太阳，所以在方向不确定时，"花瓣"部分应以箱型操作为原则、以鳄鱼法则（见图1-11）为基本观念。假定鳄鱼咬住你的脚，如果你用手去试图挣脱你的脚，鳄鱼便会同时咬住你的脚与手。你越挣扎，被咬的越紧。所以，如果鳄鱼咬住你的脚，理智的办法是牺牲一只脚。在交易市场上便是及时止损，不存侥幸心理。

若判断上证指数可能在2500点至4000点间盘整，那么你的策略可能是在3800点以上减仓，在2700点以下补仓。在行情屡创新高时，不要预设获利点，但应以提高移动式止损点的方式操作，只要从高点往下跌10%就开始减仓，跌20%时全部止损出场。在大波段行情的前期进场，此时的"止损"其实只是减少获利而已，实际上仍有获利。

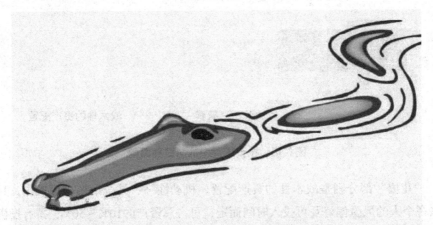

在股市中，鳄鱼法则就是：当你发现自己的交易背离了市场的方向，必须立即止损，不得有任何延误，不得存有任何侥幸。

图1-11　鳄鱼法则

以上说了这么多原则，可能很多人还是云里雾里，我们试举一例。一个稳健型且投资专业能力强的投资人，可在核心组合上配置70%的资金，在周边组合上配置30%的资金。假设资产配置只分为股票、债券与货币3类，核心组合投资工具的配置只考虑年龄因素，周边配置只考虑4种经济状况，其资产配置状况如表1-3～表1-5。

表1-3　核心资产按照年龄的资产配置

核心占70%	25岁	35岁	45岁	55岁	65岁
股票	50%	40%	30%	20%	10%

续表

核心占70%	25岁	35岁	45岁	55岁	65岁
债券	10%	20%	30%	40%	40%
货币	10%	10%	10%	10%	20%

表1-4　周边资产按照经济状况判断的资产配置

周边占30%	经济状况向上	经济状况持平	经济状况向下	经济状况萧条
股票	配置30% 报酬率20%	配置15% 报酬率5%	配置0 报酬率-20%	配置0 报酬率-20%
债券	配置0 报酬率0	配置15% 报酬率5%	配置30% 报酬率15%	配置0 报酬率0
货币	配置0 报酬率2%	配置0 报酬率2%	配置0 报酬率2%	配置30% 报酬率2%

表1-5　45岁的投资人根据经济状况判断的投资组合

经济状况判断	股票	债券	货币	报酬率	实况	报酬率
向上	60%	30%	10%	12.2%	向下	-7.3%
持平	45%	45%	10%	4.7%	萧条	-8.8%
向下	30%	60%	10%	3.2%	向上	6.2%
萧条	30%	30%	40%	-5.2%	向上	6.8%

通过表1-3～表1-5的数据可知，若不做资产配置，预期经济状况向上，如果把资金全押在股票上，预期正确时可赚20%，但预期错误时也可能赔20%。在做了资产配置后，预期经济状况向上，预期正确时可以获利12.2%，但预期错误时只会损失7.3%。

如果第一年看对而第二年看错，在不做资产配置的情况下，两年累计赔4%（第一年：$1+1\times20\%=1.2$；第二年：$1.2-1.2\times20\%=0.96$）。但以资产配置来做时，两年累计可赚4%（第一年：$1+1\times12.2\%=1.122$；第二年：$1.122-1.122\times7.3\%=1.04$）。由此可见，资产配置可以降低投资组合报酬率波动的风险。

第 2 章

》如何合理储蓄顺带银行理财来增值原始资金

不进行研究的投资,就像打扑克从不看牌一样,必然失败!

——(美)彼得·林奇

当你还在拿着工资苦苦思索，觉得怎么都不够用时，大多数人已经走上了理财的道路，并谋求在物价持续上涨的情况下，增值自己的资金，尽快实现财务自由。实现财务自由是许多人终身都在渴望但又无法企及的，实现了财务自由，就不必再为他人工作，就有强大的经济支持去做想做的事情。

事实上，实现财务自由并不困难。大多数人只是缺乏有条理的理财计划。即使月收入只有三四千元，按照财务规划一步一步地去做，认真理财，50岁退休，实现财务自由也是有可能的。本章将重点为大家讲述如何合理储蓄与规划银行理财，增值自己的原始资金。

2.1 年轻人储蓄时应有的态度

储蓄是中华民族一直秉承的居安思危的优良传统。但到了今天，却有越来越多的"月光族""日光族"在年轻一代中涌现。

与父辈勤俭节约的消费观念不同，年轻人追求新潮和时下的享受，这就导致相当一部分年轻人即使参加了工作也没有积蓄，意外发生时还是只能"啃老"。因此，年轻人也需要树立正确的储蓄态度，增加财务管理意识，有计划地积累财富。

2.1.1 储蓄≠抠门省钱

当下，年轻人的生活压力很大，每一元钱都来之不易。年轻人应该抓紧时间去提升自我，这才是明智之举。

> 有一位年轻人，在毕业5年后，开了自己的第一家公司，年收入过百万，成为同龄人中的佼佼者。他在上学的时候就有一个习惯，如果在高峰期出门，从不挤公共汽车而是花更多的钱打车。因为公共汽车需要等待，到达目的地需要很长时间，拥挤和吵闹的环境会分散自己的注意力。他利用等公交车的时间练习英语、学习金融知识，在大学阶段就用兼职得来的钱开始了

> 投资理财，获得的收益买书、上课，提升自己的能力。花钱来节省时间，花时间赚更多的钱，节省更多的时间去投资……渐渐地，这位年轻人变得越来越优秀，最终成为一位成功人士，实现了财务自由。他的消费理念和理财习惯使他的财富之路走得一帆风顺。

大多数人认为财务管理是有钱人需要做的事。初入社会的年轻人每个月的收入是有限的，扣除生活开销，剩下的寥寥无几。对于部分年轻女性而言，储蓄意味着没有漂亮的衣服，没有好看的包包，从青春靓丽的美少女秒变不修边幅的菜市场阿姨。对部分年轻男性而言，储蓄则意味着不能吸烟，不能喝酒，也不能和好朋友唱歌，生活还有什么乐趣可言。

这是因为他们把储蓄误认为省钱过苦日子。事实上，省钱并不是盲目地降低生活质量。财务管理是对闲置的货币资产进行增值管理，理财是把钱花在刀刃上。会理财的人不会把生活搞得一团糟。

然而，对于很多年轻人而言，薪水刚刚可以抵付开销，确实没有余钱理财。从财务管理的角度来看，没有存款就没有钱可以管。这种情况经常发生在年轻人身上，不能存钱的人有必要反思自己的消费模式和收入问题。虽然本金的多少决定了收益水平，但无论钱多钱少，养成良好的理财习惯还是有必要的。理财要从本金开始。年轻人的消费需求旺盛，没有钱可以存。事实上钱少时，可以把理财的重点放在储蓄，积攒了一部分本金后再把重点转移到投资理财上。

也有的年轻人把生活以外的所有的钱全部储蓄起来，这是另一种极端的错误作法。也许短短几年就有了上万的存款，却连100元都不愿意花，为了存钱每天吃打折处理的蔬菜，更不用说投资，最基本的生活质量都不能保证。节流固然重要，但是开源去赚钱更重要。

储蓄是生活中不可缺少的一部分，是使生活更美好的重要一步，但并不是理财的全部。理财不是一种耗费大量精力、时间的投机性投资。年轻人要建立起正确的理财观，避免陷入理财误区。在财务管理的过程中，逐步整理你的资产，建立起自己的资产负债表和每月收支报表；预估出自己的财富安全指标、增长指标。不要局限于近几年的财富目标，可以着眼于更长远的未来，坚持长期理财，总有一天可以实现财富自由。

2.1.2 保持自律是储蓄的第一步

2019年4月,国家统计局公布了2019年全国居民人均可支配收入,如表2-1所示。

表2-1 2019年全国居民人均可支配收入

指标	绝对量/元	比上年增长/%
(一)全国居民人均可支配收入	8493	8.7(6.8)
按常住地分:		
城镇居民	11633	7.9(5.9)
农村居民	4600	8.8(6.9)
按收入来源分:		
工资性收入	4838	8.7
经营净收入	1486	8.3
财产净收入	721	12.2
转移净收入	1449	7.3
(二)全国居民人均可支配收入中位数	7158	8.8
按常住地分:		
城镇居民	10038	8.2
农村居民	3663	8.9
(三)全国居民人均消费支出	5538	7.3(5.4)
按常住地分:		
城镇居民	7160	6.1(4.1)
农村居民	3525	8.7(6.8)
按消费类别分:		

续表

指标	绝对量/元	比上年增长/%
食品烟酒	1673	3.6
衣着	449	1.7
居住	1212	9.5
生活用品及服务	319	3.1
交通通信	729	7.8
教育文化娱乐	548	20.6
医疗保健	464	9.3
其他用品及服务	144	7.1

在现实中，我们常常会听到这样的疑问："我一个月挣3000多元，谋生是够了，哪有闲钱理财。"或者"每月只能拿出1000元理财，应该选择什么产品好？""我没有时间理财，该怎么办？"月薪几千元，如何理财？本书的观点是，财富的积累并非是一场智商高就能赢的智力游戏，收入几千元，未必不能投资理财，收入过万的人，月光的也大有人在。但是，月入几千元的年轻人，在面对巨大的生活成本时，也是海底捞针——难办。大多数初入社会的年轻人资产都是图2-1所示的情况。

1. 月薪3000～8000元，月支出2000～5000元，结余1000～3000元
2. 无家庭负担或者家庭负担较轻
3. 暂无重大支出计划，如结婚、买房等
4. 有理财意愿但缺少投资知识

图2-1　当代年轻人的财务状况

此时，年轻人应该如何理财？首先，不要好高骛远地计划把自己的资产增加多少倍。其次，有效利用金钱，力求在满足日常生活需求后仍有剩余。最后，也是最重要的一点，保持自律才是储蓄的第一步。年轻人如何保持自律并积累财富，具体来说可以通过以下几点积累财富（图2-2）。

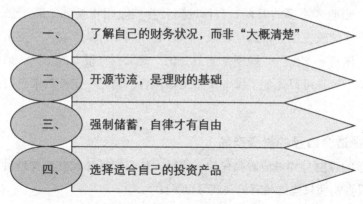

图2-2 年轻人自律理财四要素

1. 了解自己的财务状况，而非"大概清楚"

你的月薪、债务、储蓄、支出都是你应该记住的基本财务状况。如果还不知道每个月的支出是多少，有多少存款，那首先要做的就是记账。

在了解了基本情况之后，设定一个财务目标。例如，你的月薪是3000元，一年后可以攒下多少钱？1万还是3万？首先，先制定一个完整的目标，然后具体到每个月需要攒多少钱，以及希望通过财务管理增加多少增值收入。

2. 开源节流，是理财的基础

月薪尚未超过1万元，尤其是工资还在三四千元的年轻人。首先要做的就是保持自律积累财富，学习财富管理知识。尽可能多地开源，找到增加收入的方法。

年轻人要从节流做起，计算每一笔钱的用处，控制自己的现金流。例如，提醒自己不要贪便宜囤货，除了收藏品，几乎所有的东西在我们买下来的那一刻都会贬值。这是市场的运作规律。在收入较低的情况下必须足够自律，只购买必需品。

3. 强制储蓄，自律才有自由

有些人有良好的家庭背景，有可以挥霍的资本。但大多数人只是普通的上班族，需要努力工作来积累财富。我们都会羡慕那些通过理财实现高增值的理财达人，但几乎所有人的第一桶金都是通过攒钱得到的，没有初始资金，即使有好的投资项目，也只能望而却步。

因此，当收入不多的时候，自律的坚持存钱是很重要的。除了强迫性的存钱，消费模式的改变也会帮助年轻人一本万利。例如，从"收入－支出＝储蓄"到"收入－储蓄＝支出"，顺序发生了变化，效果也有很大的不同。如果这样做了还是存不下钱，可以先把工资卡交给父母保管，总之一定要约束自己攒下一笔初始资金。

4. 选择适合自己的投资产品

高收益的理财计划对应着高风险。年轻人的自律还体现在不要盲目选择高收益投资，投资初期只要能稍有盈利就可以了。

月工资几千元的年轻人最终用于投资理财的钱实际上是非常有限的。因此，应尽量选择门槛低、收入稳健的财务管理方法。除了自律之外，积累储蓄的另一个重要因素是时间。财务管理不是今天理财明天就有回报的事情。可能需要很长一段时间的积累才能看到效果。财务管理需要的不是爆发力，而是持之以恒的耐心。

2.2　年轻人储蓄实战技巧

近几年，大学生"校园贷"被骗的事件层出不穷，这从侧面反映了年轻一代缺乏储蓄观念，甚至还有一部分人年纪轻轻就背上了债务。老一代人的储蓄传统到了80后、90后已经衰落，也许是因为时代的进步、互联网的发达，导致生活更加方便快捷，大大提高了人们的消费速度。而各种借贷软件的出现，毒害了新一代的年轻人。

年轻人为何会深陷贷款陷阱，归根究底，是缺乏金融知识和实战经验。下文将重点介绍年轻人储蓄的实战技巧，帮助年轻人树立正确的财务观念。

2.2.1 ▶▶ 设立储蓄目标，每日记账

全面理财的时代，谈论投资理财的人随处可见。近年来，随着国人理财意识的增强，很多人都走上了投资理财之路。在财务管理上，每个人都有自己的小目标。更重要的是，通过记账可以根据自己的情况设定适合自己的储蓄目标，规划自己的财务管理路径，最终实现自己的个人财务目标。如何设立储蓄目标？可以

遵循以下三个步骤（见图2-3）。

第一步	制定合理目标
第二步	列出所有可实现的目标
第三步	拟定目标时刻表

图2-3　设立储蓄目标的步骤

- 第一步：制定合理目标。储蓄应该从身边的小事做起，如每日记账、适当削减花销、坚持储蓄、购买银行理财产品等。储蓄不是一步登天的事情，要制定合理的目标，并不断调整完善目标，然后按照目标部署自己的理财行动。坚持不懈地朝着既定目标前进，财富自然就积累起来了。
- 第二步：列出所有可实现的目标。根据自己的收入情况制定个人或家庭的可实现目标，然后选择合适的理财工具。工具的选择要考虑个人收入和理财工具的风险性，初入社会的年轻人最佳的理财工具就是银行储蓄。
- 第三步：拟定目标时刻表。有了明确的储蓄规划和目标，还要为这个储蓄目标和计划设定一个时间表，也就是要多久完成，并具体到实现每个小目标的期限。财务管理对时间很敏感，所以制定时间表是必要的。

设立好储蓄目标后，可以每日记账追踪自己的财务收支和储蓄目标的实现进程。记账不是记流水账，而是根据个人消费习惯选择合适的记账方式，总的来看有6种常见的记账方法，如图2-4所示。

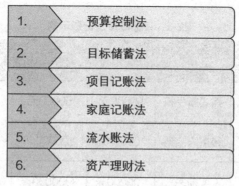

图2-4　6种常见的记账方法

1. 预算控制法

$$收入-支出-储蓄=花销$$

简而言之，就是将日常记账改为"控制预算支出"的核算方法。这种方法的优点如下。

（1）无须花很多时间去记录每一笔开销。（时间是宝贵的，如果你还在账单上花很多时间，那就是在浪费生命。）

（2）不需要复杂的软件，有一张纸一支笔就可以做得很好，换句话说，预算控制法不受记账工具的限制。

（3）方法简单却能达到记账的目的：省钱、储蓄。

其核心方法是在收入中扣除自己的"必要的费用"（如水电煤气、保险、房贷、车贷等），然后扣除"储蓄计划"，其余的就是可调节的日常花销。

这种记账方法的重点不是记录每一笔花销，而是记录我们是否可以将费用控制在预算之内。只需记录每次预算的费用和大笔支出花销，看看花销是否在预算之内就可以了。随着账本对预算控制的跟踪，一旦超出，我们可以有一个清醒的认识，从而制定下一步应对措施。如果低于预算，则可以制订新的储蓄计划，或者奢侈一次用于满足自己的品质追求。

2. 目标储蓄法

目标储蓄法的记账方式适用于上文中提到的设立储蓄目标后的每日记账。准备一个统计表格，然后设定一个短期或中长期的储蓄目标（如计划买一辆车，准备下一代的教育基金，准备父母的保险金，准备自己的养老基金），然后设定一个目标储蓄量和储蓄期限，计算每个月应该实现的目标储蓄值（表2-2）。

表2-2 目标储蓄法记账示例

计划期限	计划项目	预估目标金额	预计储蓄金额	可用周数	每周储蓄金额
短期计划（六个月内达成）	购买新手机	50000元	50000元	18周	2800元
中期计划（六个月到一年达成）	带家人旅游	200000元	100000元	40周	2500元
长期计划（一年以上达成）	买新车	100000元	3000000元	前40周	2700元
				后20周	7680元

在获得"每个月应该存多少钱才能达到目标"的数字后,只需记录是否有办法(或试图找到办法)存入目标金额。不管花了多少钱,只要能达到目标储蓄金额,就可以实现最终的目标。

3. 项目记账法

账单不应该只是简单的金额的记录,而是为了实现某个目标。如果记账实际上是一个计划而不是记录,那么记账就成了一种控制项目的手段。在需要记录的项目中,有收入、支出、生活费用预算、储蓄、重大支出等项目,这些项目可以满足普通人的记录需求。项目记账法可以预期收支平衡,支出必要的费用,完成剩余金额的储蓄。

4. 家庭记账法

最初使用家庭记账法时,确实需要记录一段时间的流水账来了解家庭的正常开销。可以自制表格,方便全家人一起记账参与家庭理财,如图2-5所示。记录一段时间后,可以通过账本掌握家庭开销。

图2-5 家庭记账法

5. 流水账法

事实上,记录流水账还是很有用的,特别是当我们对个人开销还没有数量概念的时候。例如，新买了一辆车，但不知道开车要花多少钱，就可以用流水账法记录养车的费用。通常情况下，用2～3个月或者6个月的时间，我们就可以对这种消费有一个概念。此时，可以停止流水账法，回到预算控制方法、目标储蓄法等其他记账方式上，去计划自己的支出。

6. 资产理财法

有时，记账是为了更进一步的理财需求，例如股票、投资等。如果理财者有多个收入来源，利用记账软件来管理复杂的收支可能会更加明确、清晰，如图2-6所示。复式记账法就是专门用于管理金融资产的APP记账。

图2-6 资产理财记账法

通过设立明确的储蓄目标，并养成记账习惯可以掌握我们的开支情况，做好理财规划；改善消费习惯，提高生活质量；实现强制储蓄，体会到"钱生钱"的乐趣；还有利于学会理财规划，为后续的投资理财打好基础。

2.2.2 ▶▶ 整存整取或零存整取

1. 整存整取

整存整取，指的是在银行开户时约定一次存入一笔存款，到期后连本金带利息一次性取出。我国银行规定最低存款金额为50元，外汇的起存点力不低于人民币20元的等值外汇。提取或提前提取存款的当事人必须提供个人身份证明；若当事人无法前来，代取人必须提供存款人的身份证明和本人的身份证明。2013年后，可以直接在网上银行取出全部或部分存款，剩余部分仍按原周期计算利息。提取出的部分按活期存款计算利息。整存整取的利率按照存款时约定的利率计算。到期后可以全部取出，也可以自动转存，或者由存款人继续办理约存。

整存整取的存款方式有以下功能特点：

① 利率较高：一般来说定期存款的利率高于活期存款，可以获得较高的利息收入，并且没有风险。它是一种传统的财务管理工具，也是一项非常重要的储蓄工具。

② 到期后可约定转存：存款人在存款时可以勾选到期转存的选项，也可以在到期后携带身份证件去柜台办理手续将本金、利息全部转存。

③ 可以提前取出存款：如果存款人急需资金，可以申请提前取出一部分或将存款全部提前取出。未到期的定期存款提前支取的，按照支取日公布的活期存款利率支付利息；其余部分按照开户日公布的定期储蓄存款利率支付。

④ 可质押贷款：如果在大额的定期存款即将到期前，存款人发生意外，急需这笔资金。但提前取出损失较大。存款人就可以申请存款质押贷款。

2. 零存整取

零存整取是银行存款的一种常见类型。零存整取是指存款人在银行存款时，每月定期存款，到期后一次性提取本金和利息的储蓄方式。我国银行零存整取的最低金额是每次5元，每月存一次。如果中间有几个月漏存了，缺失的部分应该在下个月补上，存款期限有一年期、三年期与五年期。

零存整取存款方式利息的计算是根据实际存款额和存储时间计算的。具体利率按照银行公布的利率表执行。存取款手续与活期存款相同，不同之处是每月需要金额续存。存款人提前提取存款的手续与定期存款相同。利率一般是定期存款利率的60%。

零存整取的存款方式有以下功能特点。

① 零存整取有三种储蓄类型：个人零存整取、集体零存整取以及教育储蓄定期存款。集体零存整取，是指企事业单位和社会团体的职工自愿参加，单位集中

办理。每月按约定金额存入，储蓄存款到期后提出本金和利息。集体零存整取的存款金额为50元起，存期一般为一年。

教育储蓄定期存款针对的是学生，存款到期时，由存款人携带学校提供的学生身份证明提取存款。存款人凭"存单"享受利率优惠，且存款利息无须缴纳所得税。存款期限为一年、两年或六年不等。教育储蓄存款的起存金额为50元，本金总额最高为2万元。

② 零存整取的方法可以聚沙成塔，具有计划性、强制性和累计性的特点。存款的利率收益低于整存整取的定期存款，但是高于活期储蓄，使存款人获得的存款利息收入略高于当期的活期存款。

③ 零存整取的适用范围广。适用于各类存款人群参与，尤其是低收入人群小额地积累财富。

3. 整存整取与零存整取的区别

① 利息收益差距较大。从这两种存取款的概念上来看，整存整取与零存整取的存款期限不同，二者的存款利率也不同。以平安银行为例，零存整取的利率没有整存整取的利率高。

② 若发生意外需要提前支取存款，零存整取的损失大于整存整取。

> 小王是个普通的上班族。他选择零存整取1万元，现在已经储存了11个月。由于家里出现紧急情况，不得不把钱取出来。最终，他只能获得活期存款的利息。小李也是一名普通的上班族，也遇到了这种情况，但结果完全不同。小李也存了1万元，但他选择整存整取，因为他的整存整取每月填写定期存单，急需用钱时，小李选择了到期的存折取出一部分，几乎没有受到损失。

对于整存整取和零存整取，一种简单的理解就是整存整取一年存10万元，到期后提取出10万元本金加利息，即使只取1万元，剩下的9万元也会成为活期存款。零存整取，每月1万元，一年，到期后你可以拿到12万元本金加利息，不同的是每个月都要存入1万元。相比之下，整存整取的存款利率最高。但是由于现在的很多人都是按月领取薪水，所以很多人办理的是零存整取，需要每月存入约定钱数。

2.2.3 ▶▶ 有限收入下分配好储蓄与消费的方法

> 关于理财，有一个形象的比喻。假设自己有一个小水库，我们需要每个月都把水库装满，装入水库的水量就是我们的收入。在水库的一侧有一个大水坝。我们购买食物、衣服、住房和交通的水量都会从大坝里流出，流出的水量就是我们的消费。水库里的水是我们的积蓄，在水库旁边有一口井可以慢慢地把水库装满。这口井就是我们投资理财获得的收入。但如果我们自己的水库干涸了，需要向别人借水。借来的水量就是债务。当我们有水之后，给别人还水需要还的更多，这就是利息。此外，为了预防事故风险，我们需要加固自己的水库，就是给自己购买保险。

从这个比喻中可以看出，理财离不开收入、消费、储蓄、投资理财、外债、保险这六大因素。处理好这些比例就可以合理规划我们的生活，实现财务自由。这六大因素中，最重要的就是处理好收入、储蓄与消费的关系。收入、消费与储蓄息息相关。一般情况下，收入 = 消费 + 储蓄。如何在有限收入下分配好储蓄与消费的比例？下文将针对这一问题重点介绍三个储蓄与消费的理论（图2-7），供大家参考。

1. 相对收入假说

2. 恒久收入假定下的消费函数理论

3. 生命周期假说的消费函数理论

图2-7 储蓄消费的理论

1. 相对收入假说

相对收入假说是由美国经济学家James Stemble Duesenberry（詹姆斯·斯特布尔·杜森贝利）提出的。他认为，人们的消费水平会受消费习惯和周围环境的消费水平的影响。因此，人们当前的消费水平是相对的不是绝对的。在杜森贝利看来，消费与收入会在较长一段时间内保持一个相对稳定的比例，但短期消费函数却不一定。

我国有句古话"由俭入奢易,由奢入俭难"。杜森贝利也认为,增加消费容易,减少消费困难,消费总会随着人们收入的提高而增加,但很难随着收入的减少而降低。如果对消费者进行短期观察,可以发现,在经济波动的过程中,增加了收入的低收入者的消费水平会渐渐向高收入者的消费水平靠拢,这是一种"攀比效应",也是"示范效应"。消费者的消费行为总是不免受到周围人群消费水平的影响。然而,当收入减少时,消费者会考虑自己在社会中的地位,处于爱面子的心理,消费水平的下降有限,会出现"棘轮效应"(图2-8)。

棘轮是一种通常只能单向转动的齿轮,它的特点是只能向一个方向单向转动,而向另一个方向转动时,其上的齿爪便会起到制动作用,阻碍其转动。西方的学者用"棘轮效应"来描述这样一种现象,即人的消费习惯形成之后有不可逆性,易向上调整,而难向下调整。

实际上"棘轮效应"可以用宋代政治家和文学家司马光一句著名的话来概括:由俭入奢易,由奢入俭难。司马光秉承节俭家风,不喜奢侈浪费,倡导俭朴为美。"棘轮效应"说明了好习惯的培养对人的行为具有极其重要的作用,保持艰苦朴素、清廉节俭的作风在任何时候都是有益的。

图2-8 棘轮效应

2. 恒久收入假定下的消费函数理论

恒久收入是消费者可以做出预估的长期收入。1957年,美国经济学家Milton

Friedman（米尔顿·弗里德曼）基于Irving Fisher（欧文·费雪）的消费理论首次提出了这一理论。

弗里德曼的消费理论认为，消费支出的决定性因素不是消费者当前的收入水平，而是长期收入水平。因为消费者收入发生临时变动时，他们经常使用储蓄金或者通过借贷来维持以往的消费水平。

3. 生命周期假说的消费函数理论

Franco Modigliani（弗兰科·莫迪利安尼）的生命周期消费理论认为，人们在某一特定时期的消费不仅与这一时期的可支配收入有关，而且还会依据当下收入计划他们在更长的一段时间内的消费支出，也就是说，人们总是希望自己一生都能过着稳定的生活，而不是跌宕起伏。

2.2.4 储蓄与消费比例

我们可以从中选择适合自己的消费理论，调整我们的消费与储蓄比例，控制在一个平衡的状态，使

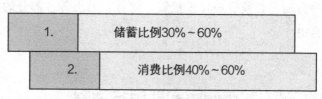

图2-9　有限收入下的储蓄与消费比例

财富效率发挥到最大化。了解以上消费理论后，我们也就明确了收入与储蓄对消费的影响。下文将向大家介绍有限收入下储蓄与消费的使用比例（图2-9）。

1. 储蓄比例30%~60%

相比于股票等理财产品，储蓄是仅次于现金流动性的低风险理财方式，在紧急情况下能够迅速提现，不会造成巨大的损失。尤其对于当代年轻人而言，相比高风险的理财产品，储蓄是积累资本的最好选择，这个比率控制在30%~60%最为合适。

例如，一个上海普通工薪家庭每月花费4000元，那么这个家庭的储蓄金应该保持在12000~24000元。如果家庭的储蓄比例大于60%，则意味着闲置的资金已经足够多，可以进行下一步的理财计划，全部存在银行里不利于资

产的增值。如果低于30%，就意味着家庭有入不敷出的风险。一旦出现急需用钱的情况，在钱的方面可能力不从心，抵御风险的能力较低。

2. 消费比例40%~60%

消费比例=家庭总支出÷家庭总收入。对于年轻人而言，这个比例一般在40%~60%是合理的。消费比例超过60%，说明储蓄能力较弱，不利于年轻人积累财富。如果这个比例是1，那么这个年轻人基本上就是一个"月光族"；如果小于40%，则代表着家庭花费少，虽然可以节省很多钱，但是生活质量可能不高，会被人说成一毛不拔的"铁公鸡"。因此，消费比例必须合理，过低、过高的消费都会影响正常的生活。

总之，如果年轻人想快速积累财富，必须把握好储蓄与消费的比例，不能让欲望扩张得比收入增长更快。一方面，必须找到开源的方法，增加资本积累；另一方面，必须合理安排投资、储蓄、支出等各部分的比例，才能早日实现财务自由。

2.3　利用储蓄实现银行理财

银行理财是银行在分析客户群的基础上，针对特定客户制定的资本管理方案。在银行理财产品的类型方式上，储蓄是最常见的银行理财类型。银行得到客户的授权管理他们的资金，银行与客户共担投资的收益与风险。下文将介绍银行的理财产品，重点介绍银行理财产品的3种基本类型与5个风险等级，帮助大家购买优质的银行理财产品。

2.3.1 ▶▶ 注意理财产品的发行出处

每年年关将近时，银行销售的各类理财产品都如火如荼，一些高回报率的理财产品引起了广大投资者的关注。虽然银行的安全性相对较好，但也不能确保万无一失，在银行购买理财产品时，一定要看看产品的发行出处。不要只看到高回报而忽视了关键性的细节问题。

基金、信托、国债与黄金等理财产品，银行只是它们的一个代销点。投资者如果想要购买此类银行理财，最好先了解产品的业务实体（公司）和产品本身。

一些高收益的产品也伴随着很大的风险，很多投资者都会对银行销售的理财产品有一种本能的信任感，在购买理财产品时往往不注意合同细节。等到问题发生后回看合同时，才发现不是与银行签订的合约，而银行往往以此作为不承担任何责任的理由。因此，投资者有必要提高对银行财务经理推介的判断力。不要轻易相信理财经理做出的承诺。一旦发生了问题，损失最大的还是自己。

购买理财产品时一定要注意理财产品的发行出处。许多刚开始着手管理资产的新手可能不明白，银行销售的理财产品并非全由银行发行。银行不仅会销售自营产品，也会销售第三方机构的理财产品，也就是内行人所说的"飞单"，即银行员工在私下销售非银行所有的产品，如信托、保险、基金等，以赚取差价。需要投资人注意的是，此类产品不具备银行自身业务的"可信赖性"，如果出现问题都与银行无关，一般会被认定为接"飞单"员工的个人行为。

因此，不建议理财新手购买发行方不是银行的所有理财产品。首先，这类产品风险高，其次，一旦产品出现问题找不到负责的人。那么，如何识别银行销售的理财产品是自营还是和非自营产品呢？投资人可以从以下三个关键点入手（图2-10）。

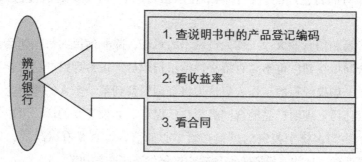

图2-10　如何辨别银行理财产品

（1）查说明书中的产品登记编码。在银行发布的理财产品手册中，会有一个以大写"C"开头的14位数的理财产品注册码，投资人可以在中国理财网的搜索框中输入14位的理财产品注册码，如图2-11所示，看一看能否找到相对应的理财产品，若没有相对应的理财产品，就说明这款产品不是银行自营，而是银行员工接的"飞单"。

图2-11 中国理财网查询产品编码

（2）看收益率。总体上看，"飞单"的回报率特别高，通常是银行自营产品的2~3倍，一味追求利益的投资者，很有可能落入"飞单"陷阱，导致资产受损。

（3）看合同。投资者拿到合同时不要只看个大概，而是要仔细阅读，注意合同细节，银行的自营产品会在合同中显示银行的名称。如果没有就是高风险的"飞单"。

不要轻易相信营业大厅工作人员做出的承诺，除非他说的每一句话都能在理财产品的合同里找到。也不要直接交钱给银行职员，正常理财产品都会直接从指定账户扣款。如果银行的工作人员请你将资金转移到某个个人的账户上，也不要信他的花言巧语。理财产品的合同必须自己保存。如果需要的话，可以录制银行经理交流的内容，整个投资的过程必须小心谨慎。投资是有风险的，钱来之不易，在购买理财产品前，投资人必须确定已经知道了全部风险。

2.3.2 >> 银行理财产品的3种基本类型

随着支付宝等互联网金融平台的崛起，银行的存款业务日渐萧条，这也导致银行越来越关注理财业务。目前，银行理财占到了我国资产管理市场的三分之一。

需求决定供给，银行的理财规模如此之大，是因为庞大的需求市场。银行理财风险性低、收益稳健，发生问题不会投诉无门，深受广大投资者的喜爱。总的来看，银行理财产品可以分为3种基本类型（图2-12）。

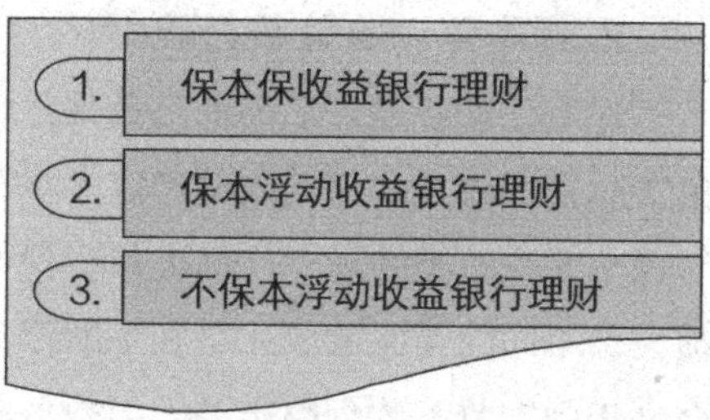

1. 保本保收益银行理财
2. 保本浮动收益银行理财
3. 不保本浮动收益银行理财

图2-12　银行理财产品的3种基本类型

1. 保本保收益银行理财

如果你是一个保守型的投资人，正在寻找一个低风险的理财产品，能够维持你的收入不贬值。保本保收益型的理财产品无疑是最好的选择。保本保收益型的理财产品包括固定收益率产品和收益率递增的产品。固定收益率产品的投资者按照承诺获得固定金额的收益，收益率递增型的理财产品，由银行承担风险并支付最低收益，若有多出的投资收益，银行和投资人共享。

保本保收益的财务管理无疑是最受欢迎的理财产品之一。原因很简单。它可以同时保证成本和收入，这意味着风险很低，很多人在投资时最看重的就是低风险。然而，这类产品的缺点之一是收入相对较低。在目前的市场上，收益率一般不超过4%，但高于银行的存款利率。不幸的是，这类理财产品预期寿命将要结束，因为国家颁布了法规，新规原文摘要见图2-13。新规规定在2020年后，保本保收益型理财产品将全部退出市场。

金融机构应当加强投资者教育，不断提高投资者的金融知识水平和风险意识，向投资者传递"卖者尽责、买者自负"的理念，打破刚性兑付。经金融管理部门认定，存在以下行为的视为刚性兑付：

（一）资产管理产品的发行人或者管理人违反真实公允确定净值原则，对产品进行保本保收益。

（二）采取滚动发行等方式，使得资产管理产品的本金、收益、风险在不同投资者之间发生转移，实现产品保本保收益。

图2-13　《关于规范金融机构资产管理业务的指导意见》的摘要

2. 保本浮动收益银行理财

保本浮动收益产品的前提条件是银行保证客户的本金安全，客户的实际收入由实际投资收入和浮动收益确定。本金以外的投资风险则主要由客户自行承担。与保本保收益类的理财产品类似，保本浮动收益类的理财产品本金几乎不会遭受损失。不同的是它的收入是在不断浮动的。在浮动收益下，理财产品的收益可能会高于固定收益的理财产品，但较低收益可能还不如银行的存款利率。因此，这种理财产品的优劣都在于其浮动收益。可惜的是这类理财产品在2020年的新规实施后也将退出市场。

但是，在保本浮动收益型理财产品中，有一款保本型浮动收益产品可能不会退出市场，即结构性存款。虽然被称为存款，但它实际上也是一种保本浮动收益的理财产品。

3. 不保本浮动收益银行理财

这种类型的财富管理产品是目前银行实行的主流产品。望文生义，不保本浮动收益型的银行理财就是不承诺保护资本，收益浮动难以准确预估。与前两种银行理财产品相比，不保本浮动收益产品的预期收益更高，这被投资者们认为是对不保证本金的一种补偿。不保本浮动收益是银行向投资者推出的衍生理财计划，产品体系相比前两种理财产品还不够完整。

保本浮动收益型理财产品与不保本浮动收益型理财产品深受普通上班族的喜爱，适合稳健型的投资者。这类投资者为了获得更高的回报，具有承受风险的能力。当然，本金的轻微损失是投资人的底线。总之，常见的银行理财产品就是保本保收益、保本浮动收益、不保本浮动收益这3种，投资人要先了解不同类型产品的特点，在自己能承受的安全范围内选择风险适度的金融产品。规范自己的财富结构。

2.3.3 >>> 银行理财产品的5个风险等级

购买银行理财产品并非是万无一失的保全本金。特别是在国家关于金融机构资产管理的新规颁布后，保本保收益的理财产品被取消，剩下的银行理财产品都是不保本浮动收益产品，投资人的收益将取决于理财产品的市场表现。因此，银行理财产品所包含的投资风险应引起投资者的警惕。

然而，还有很多投资者并不完全了解产品说明书指出的风险水平。根据我国银保监会颁布的《商业银行理财产品销售管理办法》，商业银行在出售理财产品前应当评估投资人的风险承受能力，并确定客户的风险承受能力。目前规范的银行理财产品风险包括5个等级，根据实际情况，还可以进一步细分。

目前，国家对于银行理财产品的风险分类还没有统一的标准，但在实践中各大银行对理财产品的风险等级采用不同的符号表示。根据银率网的统计，主要有R1~R5、阿拉伯数字1~5、汉字一到五、PR1~PR5、一颗五角星到五颗五角星、A~E等常见的表达方式。风险等级从低到高，图2-14所示的就是星级的表达方式。

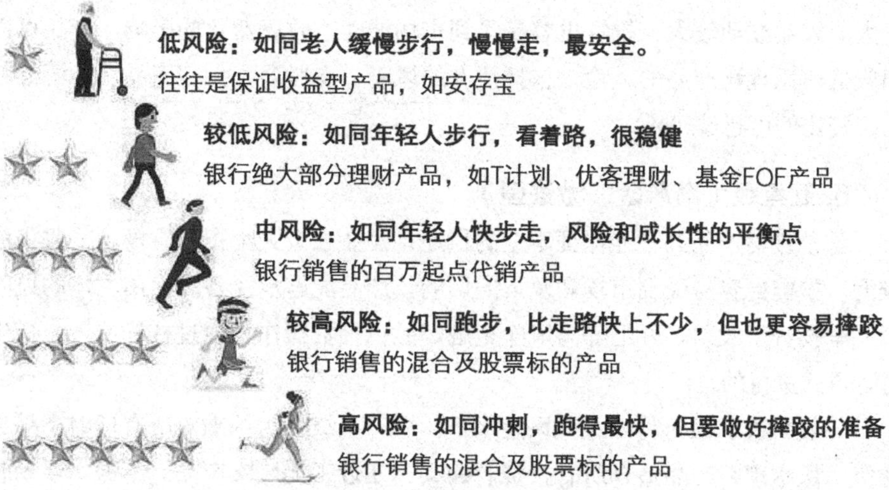

★ **低风险**：如同老人缓慢步行，慢慢走，最安全。
往往是保证收益型产品，如安存宝

★★ **较低风险**：如同年轻人步行，看着路，很稳健
银行绝大部分理财产品，如T计划、优客理财、基金FOF产品

★★★ **中风险**：如同年轻人快步走，风险和成长性的平衡点
银行销售的百万起点代销产品

★★★★ **较高风险**：如同跑步，比走路快上不少，但也更容易摔跤
银行销售的混合及股票标的产品

★★★★★ **高风险**：如同冲刺，跑得最快，但要做好摔跤的准备
银行销售的混合及股票标的产品

图2-14 银行理财产品的5个风险等级

1. 一星级（低风险、谨慎型）

这种水平的理财产品是最低风险的理财，如同老人缓慢步行，最为安全。银行保证全额偿还本金。产品回报因投资表现而异，受市场波动和政策变化的影响较小。投资者的资金主要投资于高信用债券、货币市场等低风险产品。

2. 二星级（较低风险、稳健型）

这类理财产品并不保证本金的偿还，但本金遭受损失的风险较小，收入波动不大。投资者的资金用于购买信用等级较高的产品，如AA级以上等级的债券。从

市场风险上看，投资于债券等低波动理财，在股票、大宗商品、外汇等高波动产品上的投资比例非常低。总之，用于投资可以保证本金相对安全的产品。

3. 三星级（中风险、平衡型）

这种理财产品银行不保证本金的偿还，存在一定的本金受损风险，收益是浮动的，存在一定的波动，承担中等及以上信用主体的风险，如A级以上等级的债券，原则上高波动型金融产品的比例不超过30%，产品的本金担保比例在90%以上。

4. 四星级（较高风险、进取型）

这种理财产品并不能保证本金的偿还。如同跑步，比走路快但摔跤的风险也更大。收益波动较大，投资更容易受到市场波动、政策变化的影响。产品可以承担较低信用理财产品的风险，包括债券的风险，在股票、大宗商品、外汇等方面的投资比例可超过30%。

5. 五星级（高风险、激进型）

这种理财产品并不能保证本金的偿还，需要投资人承担风险极高，收入波动较大。投资更容易受到市场和政策的影响，产品能够承受各级信用主体的风险。可完全投资于股票、外汇等高风险金融产品，投资操作是通过杠杆放大、衍生交易等方式进行的。

一般来说，银行将以最低风险水平（即一星级）为基准对所有理财产品进行评级，保本理财产品适合所有投资者购买，几近于无风险产品。不保本浮动收益理财产品，根据投资目标和投资比例，银行会将其评定为二星级或三星级。风险管理级别被定义四星级和五星级的理财产品在银行自营理财产品中非常少见。

银行业的金融专家建议，投资者要根据自己的风险承受能力选择相对等的金融产品。无论哪一等级的理财产品，只要有收入，就一定会有风险。很多时候，投资者看理财产品的说明书时，只会注意到收益的高低，忽视了风险警示内容。因此，投资者在购买理财产品时一定要仔细阅读产品的说明书。

第 3 章

普通白领如何盘活手上的可用资金

投资不仅仅是一种行为,更是一种带有哲学意味的东西!

——(美)约翰·坎贝尔

近些年，投资和资产管理市场出现了一个流行术语"现金管理"，但是对于普通人而言仍然是一个不熟悉的概念。"现金管理"的概念与理财类似，对企事业单位、私企来说，现金管理是指对现金流量进行规划和控制，包括资产的流动性管理、投融资等。对个人来说，一般意义上的现金管理是对闲置资金的短期财务管理，即将闲置资金从活期存款账户中回收，用于购买理财产品。

对普通白领而言，要想盘活手上的可用资金，除了购买理财产品之外，最简单、便捷的方法就是充分利用信用卡中的资金和持卡权益。本章将针对信用卡的资金盘活技巧作详解。

3.1 普通白领手上最好的理财资源是银行卡

白领，看似光鲜的非体力劳动，其实承载着巨大的压力和苦闷，工资不上涨，钱是硬伤；想跟随投资趋势，但得到的收益并不高，且风险难以控制，一不留神还会亏损本金，这些都是白领理财之痛。

经济在发展、时代在进步，全民理财的时代，理财不仅是一种风潮，更是资本保值增值的重要手段。尤其是对白领来说，理财在生活的开支中起着重要的作用。但是现实中多种多样的理财产品，让白领们眼花缭乱。在进行风险较大的投资之前不如先管理好白领手中最好的理财资源——银行卡。

3.1.1 >> 借记卡与信用卡的区别

借记卡是银行发行的一种银行卡，需要先存入资金才能消费，不允许透支。借记卡具有转账结算、提现、刷卡结算等功能，并增加了大量的基金交易、外汇交易、支付生活费用等增值服务。

信用卡是银行向持卡人提供的集消费、转账和存取款等功能于一身的支付工具。持卡人可以按照信用卡中的信用额度，在规定的期限内，直接向特定商户消费或在特定机构、场所存款，偿还消费的本息。信用卡有两种类型，见图3-1。

图3-1 信用卡的两种类型

信用卡分为两类：贷记卡和准贷记卡。前者持卡人可以在信用额度内消费，然后再还款。后者是指持卡人按发卡机构的要求，必须先存入一定数额的储备金，当储备金余额不足时，可在一定的信用额度内透支。

1. 借记卡与信用卡的区别

借记卡与信用卡的区别如图3-2所示。

1. 借记卡中的存款有利息，但信用卡没有。
2. 信用卡中的信用额度可以重复使用。我国的信用卡一般有长达60天的无息期，信用卡的信用额度根据持卡人的历史信用状况而定。借记卡没有信用额度。
3. 信用卡具有无抵押贷款的性质。借记卡没有。
4. 信用卡通常是短期的、小额的，没有指定用途，借记卡有存款才能使用。
5. 除了信用贷款外，信用卡还具有存取、转账、结算、收付、透支、网上购物等功能。借记卡功能较少，只能用于存取、转账和网上购物。

图3-2 借记卡与信用卡的区别

2. 如何辨别借记卡与信用卡

信用卡和借记卡除了功能上的区别，在外观上也有不同，如图3-3所示为信用卡，如图3-4所示为借记卡。

图3-3 交通银行的太平洋信用卡

图3-4 中国银行的长城借记卡

信用卡的正面有明显的"credit card"（信用卡）的字样，也有的银行用"贷记卡"表示信用卡。

信用卡中的贷记卡都是定制的，正面会有持卡人的姓名，如图3-3左下角的"MR.YANG.KA"，多用汉语拼音标识。借记卡除VIP贵宾卡外，卡面上没有持卡人的姓名。

在卡号上，我国当前的信用卡卡号均采取凸印的方法，卡号一般为16位数字；借记卡的卡号有凸印也有平印，卡号为16或19位数字。在防伪标识上，除了民生银行迷你星座借记卡与浦东银行的借记卡有激光标识外，大多数的借记卡都没有激光防伪标识。信用卡必须有激光防伪标识。信用卡背面的签名条有特殊组合（卡号末4位数字＋3位特殊交易码）。背面的服务热线借记卡以9开头，信用卡以4或8开头。

3.1.2 信用卡刷卡消费技巧

信用卡的出现确实给很多人，尤其是花销较高的普通白领带来了很多便利，但是也有很多人因为不恰当地使用信用卡而遭受了巨大的损失。下面将向大家介绍信用卡刷卡消费的一些小技巧，如图3-5所示。

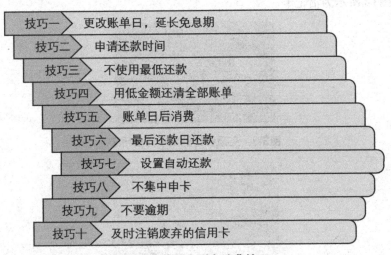

图3-5 信用卡刷卡消费技巧

● 技巧一：更改账单日，延长免息期。目前，我国许多家银行的信用卡允许更改账单日。如果在特殊情况下无法及时偿还信用卡，持卡人可以在还款日之前修改账单日，以便延长账单生成时间。但是账单日每年只允许修改1~2次，所以更改账单日时一定要慎重。

● 技巧二：申请还款时间。大多数银行的信用卡会在最后一次还款日期后的1~3天内享受宽限期（工商银行信用卡没有宽限期）。如果直至最后的还款日期仍然无法还款，持卡人可以联系银行说明情况，在宽限期内归还不算逾期。

● 技巧三：不使用最低还款。部分持卡人在没有还款的时候会选择最低还款，但长期使用信用卡的人都知道不要选择最低还款。因为最低还款后，剩余的未偿还资金不仅利率非常高，还会影响信用卡的透支额度。

● 技巧四：用低金额付清全部账单。方法是在账单出来后开始还款，然后继续消费，然后再把钱还进去，这样最后一个还款日期前持卡人就可以还清借贷。这个方法在操作的时候一定要注意细节。否则频繁的小额贷还，可能导致信用卡降额。

● 技巧五：账单日后消费。即合理使用信用卡的免息期。结账后的第二天，持卡人可以享受最长的无息期。特别是在购买大宗商品时，尤其要注意信用卡账单的日期。选择在账单日后消费，可以获得超过50天的无息时间。在账单日前消费，可能今天用完了，明天就需要还回去，这样就失去了信用卡的意义。

● 技巧六：最后还款日还款。许多刚刚使用信用卡的持卡人都分辨不清什么是信用卡的账单日，什么是最后的还款日期。每月的账单一出来就马上偿还信用卡，导致可以享受的无息时间大大减少了。事实上，从信用卡的账单日到最后的还款日期，通常有20天的还款时间。最后还款日期还款可以最大化地利用信用卡的免息期。提前还款也没有优惠福利。不如等到最后一天再还款，把自己的钱放在理财产品上还可以收获一点利息。

● 技巧七：设置自动还款。为了有效地使用信用卡的免息期限，避免逾期，持卡人可以设置信用卡的自动还款。支付宝有自动偿还信用卡的功能，提前设置自动还款，不用在时时担忧还款日期。持卡人在使用自动还款时一定要确保还款的资金充足，否则就会逾期还款。

● 技巧八：不集中申卡。与信用卡关系最紧密的信贷工具是个人央行征信，异常的申卡行为会影响个人的征信记录，所以建议持卡人在办理新卡时，最好不要超过2张。一次申请数量过多的信用卡会让银行觉得持卡人还款风险高，很容易被拒绝。

• 技巧九：不要逾期。使用信用卡最忌讳的行为就是逾期还款。逾期记录会直接体现在央行的征信记录上，并对个人信贷产生不良影响。持卡人要努力做好风险管理和控制工作，避免逾期的情况发生。如果确实没有钱，就用最低还款额，虽然利息高但是可以避免不良记录。

• 技巧十：及时注销废弃的信用卡。大多数信用卡都需要支付一定金额的年费，通常情况下可以通过信用卡的刷卡次数来减少年费的缴纳。对于长期未使用或丢失的信用卡，持卡人必须及时注销，以避免被他人盗刷，或未缴纳年费造成自己都不知道的欠款。

信用卡中的某些使用条款很容易被持卡人忽略，比如违约要偿付的利息，提现费，提现不免息，超额刷卡的费用等。这些细节都需要持卡人在使用信用卡前了解清楚。除了上述十个刷卡消费技巧外，使用信用卡的最大秘密就是空卡超支，这种行为的风险和成本极高，目前已经被银行明令禁止。随着信用卡用户数量的增加，信用卡的使用技巧已经没有什么秘密可言。总之，信用卡最大的使用技巧就是持卡人要正常、合理地使用信用卡，切莫要小聪明，妄图使用旁门左道从信用卡中谋取利益。

3.2 利用信用卡盘活手中资金的技巧

普通白领的生活理财可以从申请一张信用卡开始。信用卡实质上是一种消费工具。这似乎与财务管理南辕北辙。事实上，它可以被视为普通白领开始理财的入门产品。

所谓的"理财"并不能只局限于赚钱的投资行为，开源固然重要，节流也要做好，利用信用卡盘活手中的资金，既充分节约了生活成本，同时也获得了资金的时间价值。从这个角度来看，信用卡可以被看作是管理财务的法宝。下文就将为大家详细介绍利用信用卡盘活手中资金的技巧。

3.2.1 >>> 利用信用卡免息期获得更多短期资金

利用信用卡的免息期确实可以获取更多的短期资金,但如果利用不当,很可能会触犯法律滑向违法犯罪的深渊。

> 2018年4月,云南省某县人民法院开庭审理了一起因用信用卡套现而导致的退休工资冻结案件。案件当事人吴××因信用卡套现又逾期不还,被银行一纸诉状告上法庭。
>
> 吴××原是一名国家工作人员。退休后,他无事可做,便萌生了投资一家餐馆的念头。因为吴××不善理财,退休的时候也没有很多积蓄,所以向亲戚朋友借钱,但是仍然没有足够的钱开餐馆。为难之时吴××想起了任职期间办理的几张信用卡。他决定使用信用卡套现的钱投资餐馆。餐馆开张后,再把钱还回去。餐馆刚开始的时候,营业额还可以接受,但是由于管理不善,加之餐饮市场的竞争激烈,餐饮企业每况愈下。没过多久,吴××的钱就被亏损的一干二净。按照银行的规定,信用卡的款项必须还清,即使一次还不上,分期偿还也可以。因吴××经营的餐厅严重亏损,他多次违约,最终被发卡银行告上了某县人民法院。
>
> 经法院审理,认为合同双方应按照合同的约定履行义务。由于吴××未在约定还款期限内还款,构成违约,法院判处当事人应对银行还本付息。

上述案例并不是一个个例。对于信用卡套现,我国银保监会在《信用卡套现风险防范细则》中这样规定,如图3-6所示。

> "套现是指商户与不良持卡人或其他第三方勾结、或商户自身以信用卡为载体,通过虚构交易、虚开价格、现金退货等方式套取现金的行为。"
>
> ——《信用卡套现风险防范细则》

图3-6 摘自《信用卡套现风险防范细则》

信用卡套现是违法的。信用卡套现里的真真假假是银行管理难以言喻的伤痛。截至目前,还没有明确的信用卡套现行为的定义。由于持卡人风险暴露时间过长，银行的检测管理滞后，复杂的套现手段更是让人真伪难辨，判断持卡人是否使用信用卡套现只能依靠专家经验。因此，套现行为通常被银行更谨慎地定义为"疑似套现"。然而法网恢恢疏而不漏，异常性的套现终究难以逃脱法律的制裁。

在信用卡消费已成为主流消费方式的今天，上文所述的违法案例值得警惕。对于那些热衷于信用卡消费的持卡人来说，超前消费是可以理解的，但花费的数额仍然取决于自己的经济状况和还款能力。一定不能盲从潮流，忽视自己的偿还能力。更不能利用信用卡套现，否则雪球只会越滚越大，拆东墙补西墙的行为也会损害持卡人的信誉，使自己处于不利的境地。

那么，在不违法违规的情况下，我们利用信用卡的免息期获得更多的短期资金，最基本的方式就是充分使用信用卡中的钱进行消费。

实际的消费日期与最终还款日期之间的一段时间为持卡人消费的无息期，国内银行机构信用卡最长无息期为56天。这意味着在这56天内，持卡人可以免费使用信用卡额度内的金额，无须支付任何利息或费用。

虽然使用的这些钱最终还是要还回去，但它毕竟为持卡人提供了将近两个月的缓冲时间。最重要的是信用卡在一定程度上增加了持卡人的可用资金。换句话说，持卡人的消费行为可以通过信用卡进行。不需要占用更多自己的资金。解放出来的自有资金可用于短期金融投资，赚取收益。

持卡人可以使用的信用卡金额越多，信用卡的无息期越长，自由资金的投资收益越高，那么持卡人通过信用卡赚的钱就越多，累积到一定规模，效益也是可观的。这才是利用信用卡免息期获得更多短期资金的正道。

3.2.2 >> 利用信用卡权益更优惠省钱、赚钱

移动互联网时代，每个人都在使用智能手机，但90%的人只使用手机功能的10%。每个人都有信用卡，90%的人使用的信用卡功能不过10%。五星级酒店的权益并非每个人都有能力享用，但最简单的积分兑换，都有很多持卡人没有享用过。

银行发行信用卡，其目的是想通过信用卡的手续费、逾期利息、分期付款或提现费、信用卡年费等方式来赚钱。因此，站在银行的角度，他们愿意发放更多

的信用卡,也会希望持卡人更多地使用信用卡消费。银行也会尽最大的努力去经营后续的服务,如办卡送好礼、积分送好礼、信用卡促销活动、高端信用卡权益等给予持卡人很多额外的权利。

利用信用卡可以兑换星巴克,这个秘诀你们知道吗?即使对于白领,星巴克也不是想喝就能喝的奢侈品。虽然它的单价不超过50元人民币,但如果每个工作日一杯,一年算下来竟然5600多元。然而某私企的小职员A某却毫无压力地喝了一年星巴克,达到了高端白领的生活水准。秘诀就在于信用卡权益。

A某初入职,工资只有3000元,每天最羡慕的就是前辈们人手一杯星巴克的奢侈生活。一次偶然的机会他发现了银行信用卡积分兑换星巴克的权益,从此以后也过上了每天一杯星巴克的幸福生活。图3-7所示的是星巴克的积分兑换报价。

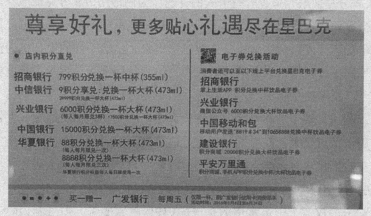

图3-7 星巴克积分兑换报价

各大银行对于兑换星巴克的报价不尽相同,但毫无疑问的是,利用信用卡的积分特权,持卡人确实可以免费兑换星巴克。

对于信用卡的持卡人而言,只要没有逾期还款、分期还款、提现等行为,并且使用信用卡消费了足够多的次数,就可以实现零成本使用信用卡。

如何利用信用卡的权益更优惠省钱、赚钱呢?

首先，在信用卡的选择上应该与持卡人的实际消费相结合。选择权益更加丰富的信用卡，这一点可以通过同一类型的信用卡，在各大银行之间进行横向比较来实现，如果办卡还能送好礼这个机会不应当错过。

其次，发挥信用卡积分的作用。信用卡积分是银行对持卡人使用信用卡进行消费的奖励。一般来说，使用信用卡消费1元就可以获得1积分。这也不是绝对的，积分的奖励情况还要视各大银行的政策规定。奖励的积分有以下三点用处。

（1）积分兑换礼品。各大银行机构都为自己的信用卡设立了积分商店，除了上文中提到的星巴克，持卡人还可以用信用卡积分在商场选择自己喜欢的礼品进行兑换。

（2）积分抵扣现金。如果持卡人觉得积分商城中没有自己想要的礼品，信用卡积分还可以用于抵扣现金。在持卡人使用信用卡进行消费时，信用卡内的积分可以抵消一小部分的消费金额，这样持卡人就可以少花一些钱在购物上。这些积分还可以用来支付水电费、话费等生活费用。

（3）积分兑换航空里程。持卡人们普遍认为用信用卡积分兑换航空里程是最划算的兑换方式。各大银行都推出了可以兑换航空里程的信用卡，可直接通过消费累积航空里程，或以信用卡积分兑换航空里程。虽然不同的银行机构优惠政策不同，但不同银行机构的大多数持卡人都觉得用信用卡积分累积飞行里程，信用卡积分就可以发挥最大价值。

最后，利用高端卡的权益可以更省钱。在消费购物上：交通银行发售的沃尔玛联名信用卡优惠最大；在航空里程上，广发银行发售的与中国南方航空联名卡积分可以直接抵扣现金；持卡人可以了解日常中自己最需要什么服务，然后寻找权益相匹配的信用卡，以便我们可以利用信用卡的优惠。

在高端卡的权益上，最常用的是机场VIP候机室服务、航班延误险、免费洗车、接送机等服务。这些服务一般都是需要付费的，而高端信用卡的权益帮助持卡人省下了这笔钱。

除了以上的诸多权益外，信用卡在用餐和娱乐时也有折扣，每家银行都有不同的回馈活动。例如，在指定商家使用某银行的信用卡消费可以享受折扣，持卡人可以下载一个推荐许多银行业务的应用程序，或者关注银行的公众号，从中了解信用卡持卡人的权利。总之，先研究透信用卡的功能再去使用它，让信用卡为我们所用，而不是掉入信用卡的陷阱。

3.2.3 >>> 合理理解信用卡的隐性价值

所谓信用卡的隐性价值,即信用卡可以积累个人信用记录的功能,这对尚未买房、买车的年轻人而言尤为重要。看过完整版个人征信报告的持卡人不难理解这一点。在中国人民银行出具的个人征信报告中,会反映出持卡人名下的所有信用卡、信用卡的额度、每月的还款历史等信息。这些信息都是银行判断个人信用状况的依据。如果信用卡利用得好,那么银行批准信贷、提高信用卡额度就不成问题了。这就要求持卡人在使用信用卡时要谨慎,避免产生逾期还款的不良记录。

> 有一对小夫妻打算买一套新房子,手头上的现金不够,准备贷款,却被银行拒绝,详细询问才发现,丈夫和妻子都有逾期还款的不值得信赖的行为。妻子在国外旅行时曾经使用过信用卡,虽然消费额度不高,只有几十元,但她在回国后忘记了还款。等到想起来要还款时,已经逾期将近一年时间。不幸的是,丈夫也被发现有逾期行为,丈夫在大学时代办理了学生贷款。毕业后还款不及时,发生了一次逾期。现在两个人准备买房,银行告诉他们,他们的信用报告不符合借贷标准,贷款无法批准,几百万的房钱只能用自己的现金去缴纳。几十块、几千块的逾期未还,最终导致了数百万贷款的损失。

很多事情也许我们已经准备了很长一段时间,但还是有可能失败。为了不犯上文中的错误,信用卡的持卡人在每一次使用信用卡进行消费之前都要先考虑长远的后果。如果没有及时凑够买房子的钱,很可能会错失买房子的机会。因此,持卡人必须加大对信用记录的重视程度。合理维护征信记录,要有所不为,具体行为可以从以下三点入手,如图3-8所示。

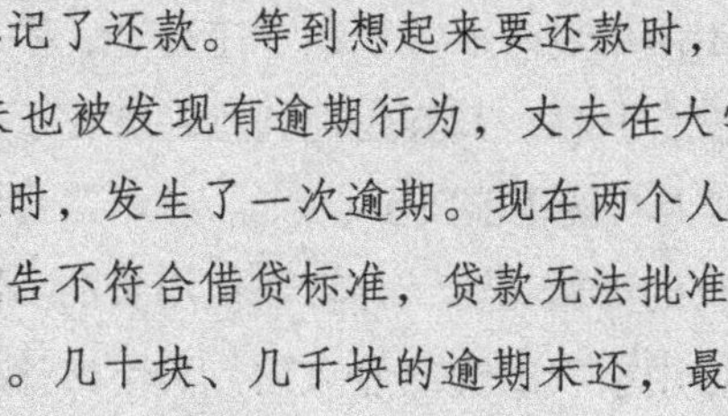

```
不在第三方查询征信
不清楚条款时不用信用贷
有所不为,专攻银行
```

图3-8 维护征信记录的方法

1. 不在第三方查询征信

现在智能手机的应用市场或电脑网页上都有很多的金融类应用程序，提供征信记录的查询服务。持卡人可能觉得用起来很方便，随手就查了自己的征信记录，这是一种粗心大意的行为。事实上，信用报告的内容很详细，包括家庭地址、工作单位等私人信息，原则上只有持卡人本人可以看，这种私密的记录应该去官方查询。除了向银行申请贷款时需要征信记录，不会有别的机构要求征信报告。

太多的查询次数也会影响银行贷款的审批，信用记录查询的太频繁，银行会认为持卡人有违规行为才总是不放心地查询自己的记录，这会导致信用卡或贷款申请不能被批准。持卡人切忌因小失大。

2. 不清楚条款对不用信用贷

目前，多家银行、支付宝、京东等互联网金融公司都开放了信用贷款的服务。信用卡的持卡人使用信用贷时要特别注意违约金、手续费等条款细节。有些机构声称自己的信用贷没有利息，其实是把利息隐含在了手续费之中，信用贷的手续费多种多样的，借贷人在使用前要小心。

首先，警惕工作人员的如簧巧舌，计算出信用贷的实际利率是借贷人必须要做的功课，其次，注意信用报告的违约金数额。看不出违约金金额的高低就容易忽略风险，尤其是互联网上的第三方平台，如果不仔细研究贷款合同，很容易掉入陷阱。亏损了金额事小，损害了征信记录事大。

3. 有所不为，专攻银行

网上办理贷款的平台很多，其中不乏处于违法边缘的灰色地带。有了良好的信用记录就可以从银行贷款。让有信用的人生活得更好，这是信用卡想要实现的导向作用。在未来，人与人之间的差异可能演化为信用上的差异。信用积累不能一挥而就，而是要靠长期的积累。

银行的贷款，30万以下的申请容易被通过，且到账速度也很快。急需资金周转时，不用再四处借钱，直接利用良好信用记录的便利从银行贷走50万~100万，已经不是天方夜谭。良好的征信记录可以让银行成为自己实现梦想的隐形翅膀。

确保良好的信用记录是实现信用卡隐性价值的前提，这需要持卡人加强管理信用卡的能力。许多人在使用信用卡时不是很关心信用报告，一旦产生了不良记录至少要有五年才能消失。有了不良记录，银行就会怀疑持卡人的还款能力，拒贷也是很平常的事。因此，为了确保信用记录良好，必须有所为，有所不为，成为一个自律的人。每半年查一次自己的征信报告，做到心中有底。

3.3 盘活信用卡资金时需警惕的陷阱

几张大宣传单上醒目的优惠措施，一张长长的桌子上摆满了枕头、杯子等礼品，穿着正装的工作人员热情地邀请围观群众来了解情况……相信大多数人都见过这种信用卡促销场景。如今，几乎每个人口袋里都有张信用卡。合理使用信用卡可以帮助持卡人盘活资金，但信用卡使用不慎也可能满盘皆输。要合理使用信用卡这把双刃剑，就要注意在盘活信用卡时常见的陷阱，一是切忌数量贪多，额度贪高；二是避免使用最低还款，下文将针对这两点内容做详细解释。

3.3.1 >> 数量贪多，额度贪高

1. 信用卡数量莫贪多

这家银行的信用卡推出了明星的定制款，便申请一张；另一家银行的信用卡积分优惠多，再申请一张；××银行推出了限量的信用卡，一定要申请一张；钱不够花了，只能再申请一张信用卡。人们有时会因为各种各样的原因申请了大量的信用卡。最后发现经常使用的只有那么一两张。随着时间的推移，剩下的卡很可能会被持卡人遗忘掉。

信用卡不是越多越好，对于普通人来说，太多的信用卡是很难管理的。稍不注意，还可能会给自己留下了一个不小的隐患。图3-9所示的就是信用卡数量贪多引发的三大问题。

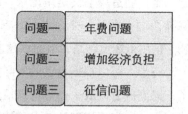

图3-9 信用卡数量贪多的三大问题

- 问题一：年费问题。现在很多家银行的信用卡都有第一免年费的优惠，使用消费卡消费次数足够多也可以免除年费。然而，还是有些信用卡数量多的持卡人，明明记得这张卡自己付清欠款后就没有

使用过，却还是收到了欠款的通知单，这可能是信用卡的年费。还有一些持卡人，办理完信用卡后都没有激活，还是收到了银行发来的欠款通知单，数量还不低，这也是因为信用卡的年费问题。

● 问题二：增加经济负担。有些持卡人不知不觉就申请了多张信用卡，为了躲避问题一中的年费问题，持卡人不得不在每张信用卡上都消费足够多的次数。有些信用卡免年费不仅有刷卡次数的限制还有刷卡额度的限制，这就导致持卡人为了减免年费而进行消费，无形中增加了自己的经济负担。

● 问题三：征信问题。征信记录的重要性已经无须再赘述。买房买车需要贷款时都要检查征信记录。上述年费欠款或逾期还款将会导致个人信用报告中出现不良记录。一旦信用严重不良，买房买车就成了问题。

有人说，信用卡多可以利用积分兑换权益，可以换购、换里程，不少人办信用卡就是为了积分的兑换复利。但是事实上，不是每一笔消费都有积分。例如中信银行的信用卡，在非营利性的消费中（医院缴费、学校缴费）就没有积分。所以信用卡不是越多越好，多了反而是累赘，3~5张足矣。

2. 信用卡额度莫贪高

银行提供的信用额度是基于持卡人的就业状况、薪资收入与信用记录等综合信息。对于一些风险控制严格的银行来说，给予持卡人几千块的额度是很正常的。只要持卡人提供的材料足以证明自己的经济实力雄厚、无不良信用记录，银行自然会给予更高的额度。

根据一些数据报告，保持小于收入25%的债务是一个正常的财务状况，一旦超过收入的40%，债务就过多了。如果信用卡额度远远高于收入，无法按时还款，不仅会造成不良信用记录，还会产生罚款。如果为了还债申请新卡，拆了东墙补西墙，则是一个恶性的循环。有借就要有还，刷信用卡实际上是向银行借钱。信用卡额度越高，借的钱越多，持卡人需要偿还的债务也就越多。

持卡人可以根据自己的实际需要调整信用卡额度。平时满足日常所需就足够了，遇到旅游或双十一等特殊情况，消费可能会大幅增长时，持卡人可以申请临时额度。银行将根据信用卡的使用情况和历史还款情况来评估是否通过申请。要根据自己的需要和经济实力来调整信用卡的额度，不要贪多。

在使用信用卡时不要贪心。不要热衷于信用卡的数量，也不要热衷于信用卡的额度，使用信用卡消费，要量力而为。数量过多不仅难以管理，还会降低个人的信用评分；额度太高是一种资源浪费，一旦信用卡丢失，可能造成较大损失。

3.3.2 >>> 最低还款往往就是最高利息

信用卡像手机一样逐渐成为现代人的标配。使用信用卡时随手一刷非常轻松，但当还钱的时候，就没有那么轻松了。银行方面表示：不用担心，你可以分期偿还，3个阶段、6个阶段、12个阶、甚至24个阶段，只要持卡人能还上钱就可以。

每月还款最低额度是解救持卡人的救世主吗？事实并非如此，有些时候最低还款不仅不是救世主，还是一个落井下石的小人。

某银行规定，以持卡人消费账单的10%为信用卡的最低还款额。这样持卡人的每月还款可能＝信用卡最低还款额＝当月10%信用卡账单欠款＋账户内所有未结清的分期交易单期金额＋上期最低还款额未还清部分＋超过账户信用额度使用的全部款项＋最低还款额还款费用＋利息。

信用卡的持卡人应该都知道，信用卡全额还款可以享受免息期，最低还款则没有免息期。大多数的银行按未付金额的5‰收取每日利息，而且利息是利滚利的，也就是之前提到的复利计算方式。经过仔细计算，这种复利的利息是很可怕的。

假设王先生的信用卡账单日为每月的第一天，还款期限至每月的26日。2018年7月1日，银行下发了账单，显示上个月王先生的消费金额是20000元，最低还款金额为2000元。为了方便计算，我们先假设2万元在6月3日一次性全部消费了出去。

到了7月22日，王先生还没有筹集到20000元的还款，到了7月26日只能按照最低还款2000元偿还信用卡。

到了8月1日的银行下发新的账单，王先生的利息为：

20000×5‰（日利息）×52天（消费日至还款日）＋（20000－2000）×5‰×6（还款日至次月账单日）＝574。

这574仅仅是利息，王先生总共需要偿还：

（20000－2000）×10%＋574＝1800＋574＝2374

到了9月1日，循环利息为（20000－2000）×5‰×25天＋（20000－2000－1800元）×5‰×6＝273.6。

王先生发现了一个可怕的事实：利息越滚越多（图3-10）。

图3-10　最低还款的超高利息

从上面的案例我们可以对最低还款得出以下结论：只要采用了信用卡的最低还款方式，就会开始计算循环利息。还款时间越晚，利息越高。第二次还款时，利息以复利计算。一旦持卡人选择了最低还款，应该尽早偿还信用卡欠款，这样就可以少支付利息。最理想的方式是在账单日第二天就还钱，利息最少，没有复利。

最好的还款方式是全额还清信用卡，如果不能，就分期付款。不到万不得已最好不要选择最低还款，也许最后需要还的利息钱比消费金额还多。

最低还款是一把双刃剑。优点是可以减轻持卡人的还款压力，不会出现不良信用记录。缺点就是利率高，银行业的巨大利润就是这种利息积累起来的。

除非持卡人用偿还信用卡的钱创造了更高的回报。否则，还是要尽量全额还款，最低还款会使损失越来越大。

第 4 章

》先为自己构建坚实保障的保险投资

承担风险无可指责,但同时记住千万不能孤注一掷!

——(美)乔治·索罗斯

随着市场经济和金融工具的日益多元化，一些有理财头脑的人注意到了保险投资的效益与重要性。正如俗话所说，"不要把鸡蛋放在同一个篮子里"，保险是控制理财风险的一部分，也是投资和财务管理的一部分。

在人们的生活中有很多不确定的因素，这些不确定因素可能导致意外的发生，所以需要保险来帮助我们抵御一部分意外引发的后果。但是在我国仍然有一部分人对保险有很大的偏见。这是因为这些人仍然不知道购买保险的功能和重要意义。

4.1 保险投资的相关概念

商业上的投资，企业家会去寻找合作伙伴入股企业，一则降低成本的压力，二则与人共担风险，即使投资失败了，也不至于一蹶不振。如果赚钱了，也需要把利润分配给合伙人。

保险也是这样，作为一种长期的投资，可以与保险公司共担意外和疾病的风险。万一发生不幸，保险公司会帮助投保人承担大部分花销。没有意外发生，保险公司会在投保人年老的时候返还给投保人。保险投资多种多样，如何从中选择合适的保险种类？首先我们要先了解保险及保险代理人的定义，以及购买保险时的"双十定律"。下文将针对这两点内容作详细解读。

4.1.1 保险及保险代理人的定义

1. 保险

从人类诞生的那一天起，就受到自然灾害、意外、疾病的侵害。在与自然抗争的过程中，古人形成了应对灾害的保险理念和保险的原始形式。

大约在公元前2500年，巴比伦王国的国王命令臣子臣民纳税，作为救火的资金。古埃及的工匠们建立组织，通过缴纳会费的方式来解决去世工匠丧葬费的问题。在古罗马的帝国时代，士兵们集资为阵亡士兵的亲属提供抚恤金。这一系列措施都是保险制度的雏形。随着人类社会的不断发展，公元前1792年的《汉谟拉比法典》中，规定了为了弥补商队货物的损失，促进商业繁荣，共同分担损失的条款。

公元前260年至公元前146年，古罗马人向商人收取24%～36%的费用作为储备基金，以补偿货物的损失，解决运输损耗问题。这就是海上保险的起源。保险起源于海上，中世纪时，意大利出现了贷款的雏形，利息与今天的保险费类似，但由于利率高很快被禁止。直至1384年，随着在比萨出现的第一张保险单，现代保险制度诞生了。

新中国成立后，成立了第一家保险公司——中国人民保险公司。此后，保险业务在中华大地上发展了起来，种类也逐渐健全，图4-1所示的是20世纪50年代，中国人民保险公司的一张宣传单。至2016年，我国保险业资产总量超15万亿。

图4-1　20世纪50年代中国人民保险公司保险宣传单

保险以保证安全无风险为目的，后被扩展到规划生活资金的保障工具，是市场经济条件下风险管理的基本手段，也是金融系统与社会保障系统的支柱性制度。

保险基于投保人与保险公司在合同中的约定，投保人支付保险费，保险公司会对投保人因合同中包含的事故类型而产生的财产损失负责，是一种因投保人死亡、伤残或生病，合同期满时支付保险赔偿的商业行为。从金融的角度看，保险是一种分担事故损失的财务安排，也是一种风险管理方法。

2. 保险代理人

保险代理人是指受保险公司委托，代理保险业务，收取代理费的人。代理人在保险公司授权的范围内开展业务活动，包括招揽业务、签发临时保险单、收取保险费、进行调查理赔以及其他的保险业务宣传推广活动。代理人的代理费根据一定的业务量比例收取。根据业务范围的不同，可以划分为一般代理、本地代理和兼职代理三种类型。

总览发达国家保险发展的历史，代理人在其中发挥了不可替代的作用，对保险市场和保险业务的发展有积极意义。例如，在英国、美国、日本和其他发达国家，大约80%的保险业务是通过保险代理人签订的。在我国的《保险法》中对代理人的问题进行了具体阐述，并两次颁布了《保险代理人管理办法》。这些无不彰显了保险代理人在保险业的地位和作用。

事实上，保险代理制度在改善保险市场、联通保险供应和需求、促进保险行业发展方面确实有很大的积极意义。因为保险产品相对于饮食和生理需求的必需品而言，是一种更高层次的奢侈品。只有少数人会主动购买保险，大多数的投保人都是通过保险代理人的产品介绍，才购买保险的。因为对保险业务的熟悉，代理人可以帮助投保人选择合适的投保类型，并为投保人提供长期性、持续性的服务。

长期的实践证明，保险代理人确实解决了投保人在投保过程中的问题，是保险的重要环节，截至2018年，我国的保险代理人数量已经达到700万，但这还不够，随着国人对保险重视程度的提高，保险的需求量也会不断增大，代理人的数量还会越来越多。

4.1.2 >> 购买保险时的"双十定律"

用数字来表示理财的原则是最为直观、易懂的方法，在之前我们已经对"4321定律""72法则""80法则"等有了了解，接下来将为大家介绍购买保险时的"双十定律"。熟练应用这些理财法则，可以帮助投保人规划好如何分配自己的资产。

购买保险时的"双十定律"（图4-2）是指在家庭投保上的支出，最为适当的比例为家庭年收入的10%，购买的保险额度为年收入的10倍。投保人可以通过"双十定律"的保险原则，对个人或家庭的保险金额进行科学的规划评估。

图4-2 购买保险时的"双十定律"

如果在购买保险上的支出费用超过年收入的10%，这个比例太高，会影响投保人日常的生活质量；如果投资过少，保险的理赔额度又可能过低，当风险发生时，很难保证赔偿可以抵消损失。随着人们对保险的认识不断提高，"双十定律"在家庭购买保险时得到了广泛的应用。

"双十定律"并非放之四海而皆准，在极端情况下，"双十定律"也会失效，如下文中的两个案例。

> 案例一：某农村家庭，月收入约5000元，扣除衣食住行、孩子上学和固定的储蓄后只剩下500元。如果保险预算是按照上述"双十定律"制定的，从保费支出的角度来看，按照每年6万元的总收入，需要支付总计6000元的保险费；这相当于该家庭近三个月的生活费。而从保险额度来看，家庭的保险额度高达60万元，这对于该家庭来说，显然是不合理的，对家庭无益。对于与该家庭情况类似的，可以支出的保险成本不高，但又想要高额保障的家庭，更现实可行的保险方案是购买人身意外死亡保险，保险费100元~200元，可达20万元~90万元不等的保险额度。
>
> 案例二：一位家庭资产丰厚（财富估值超过千万）的女士，在一线城市有几套房产。在证券投资方面，她也是一个经验丰富的资深投资者。在保险方面，家庭内购买的保险类型比较齐全。夫妻双方各购买了价值50万元的重病保险。然而，最近，一个金融顾问建议该女士，按照"双十定律"重新计划家庭保险的保额，增加在养老、医疗等方面的保险费。并且建议该女士购买更多的人寿保险产品，保险费最好翻倍。这个提议让该女士很怀疑：因为她认为如果自己真的得了重病，随时可以拿出100万元的流动资金来治疗。这种情况下真的有必要每年投资数十万元购买保险产品吗？

这位女士的怀疑不无道理。对于像她这样资产过千万的富裕家庭来说，他们已经基本具备了抵御风险的能力，即使是在急需要钱的时候也有足够的资金支持。购买高额的保险不能使他们免于疾病或降低他们的死亡风险。实际上，于富裕家庭而言，购买保险的更大用处并不是防范风险，而是财富的转移和传承，甚至是移民过程中的财富转移。

对于低收入的家庭来说，解决目前的生活需求比通过投资增加财富的价值更为重要，因为持续的低收入本身就是一种高风险。低收入家庭参加社会福利保障是一个更好的选择。

"双十定律"要匹配家庭的实际情况，它作为大多数普通家庭的投保参考还是有很大用处的。例如，年收入10万元的白领，买保险一年大约要花1万元。合理的做法是将保障额度设定在50万至100万元之间。一旦染病住院或发生意外，这份保险将帮助投保人至少在一段时间内度过金融危机。在这种情况下，"双十定律"起就到了很好的防风险规划作用。一方面，减轻了家庭负担，另一方面，对家庭财务危机也起到了一定的防御作用。

由此可见，我们在购买保险时与财务管理的规则都是一样的，并非金科玉律。就个人和家庭而言，什么时候买保险，买多少保险必须与投保人的个人情况、家庭收入等相匹配。学习各种理财的知识是必要的，但在实际应用过程中，还要衡量自己的财富基础，规则并不适用于所有对象和所有情况，所谓"甲之蜜糖乙之砒霜"；当收入达不到一定水平时，强行遵守规律可能会害了自己。因此，了解自己，不断提升自己的财富值并动态调整理财方法，才是正确的。

4.2 进行保险投资时的注意事项

随着大众对财务管理和抵御风险观念的逐步提高，越来越多的人开始关注自己的保险投资规划，以满足对财务管理和保障人身财产安全的需求。进行保险投资时，需要先了解7种保险投资类型及适用人群，遵循"先保安全，后看收益"的投保原则，树立对保险投资收益的正确看法，并掌握各类型保险最划算的投资技巧。

4.2.1 >>> 7种保险投资类型及适用人群

平安是每个人最大的愿望。然而人们在不同的人生阶段都可能面临意外事件和财务需求的风险。与广义上的投资意义不同，保险投资，投入的是资金，收获的不是金钱而是一份保障。从单身贵族到组建家庭，从抚养孩子到回馈父母，最后还要解决自己的养老问题，这是每个白领都必须经历的过程。在这个过程中有7

种保险投资类型是不可缺少的。下文将重点介绍7种保险投资的类型及适用人群，如图4-3所示。

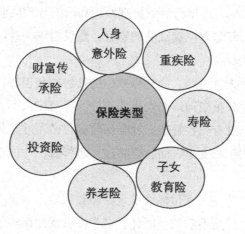

图4-3　常见的7种保险投资类型

1. 人身意外险

无论是普通白领还是商业大亨，无论收入是高还是低，意外险都是必须要投资的保险类型。只需每年省下几百元买衣服的钱，就可以提前避免风险。我们不能预知明天会发生什么事。但可以花少量的钱把风险转移到保险公司。人生处处充满意外。即使是为了家人考虑，也应该购买意外险，补足社保不报销的第三方因素造成的事故损失。但是意外险也不是万能险，要注意理赔的范围。

> 程先生已经患有高血压20多年了。2017年8月，他为自己购买了一份意外险。同年12月，程先生突发脑出血去世了，程先生的家人拿着保险单来到保险公司索赔。遭到保险公司的拒绝，家属不死心地在保险公司拒绝之后大吵大闹。保险公司解释脑出血不在意外保险范围内，病人家属认为这只是保险公司的搪塞之词。
>
> 保险不是不管发生什么，保险公司都会赔偿。在这个案例里，程先生只购买了意外伤害险。保险合同上的条款规定的意外事故有三个因素：突发性的、不可预测的、由外因引起。虽然程先生是突然性的猝死，但不是由外因引起，而是由自身疾病引起的，不是意外险的责任范围。

2. 重疾险

由于环境污染的加剧以及个人工作压力、生活习惯的影响，一个人一生中罹患重病的概率约为72%，进口药品、护理费用和因病导致的收入损失不在社会保险的报销范围内，每年都有因病致贫的家庭。建议白领一族购买重疾保险的保额至少应是年收入的3倍。

重疾险适合每个人，有些人会觉得单位的社保福利很好，没有必要买重疾保险。事实上社会保险只报销因病而发生的部分医疗费用，不支付非工作时间意外伤害的治疗费用，也没有死亡补偿。社会保险的报销制度是先支出后报销，报销有门槛限制，不会大于总支出，而且要超过"起付线"才能申请报销，自付比例相对较高。

社会保险以保障为主，支付标准仅是保障被保险人的基本生活，这对于追求较高生活品质的白领们是不够的。因此，对于没有医疗保险的人来说，重疾险尤为重要。对于有医疗保险的人而言，重疾险可以作为医保的补充。

3. 寿险

你身上肩负着重担吗？比如赡养父母，抚育孩子，万一家里的顶梁柱发生风险，家人该何去何从？白领一族应提前计划好寿险。保额最好是年收入的5～10倍。

理论上看，它适用于30岁到60岁的所有人。但寿险的保费相对较高，要求被保险人有较强的支付能力，可以等到有了稳定的个人收入之后再购入。虽然寿险只有在死后才能得到保金，但它的储蓄功能，能产生现金价值，可作为储蓄加保障的一种投资类型。而且现在的很多分红型寿险，在到了一定年龄后就可以获得一部分偿还款。

4. 子女教育险

子女有所成就是所有父母的心愿，随着国人综合素质的不断提高，对下一代的教育问题也越来越重视，支出成了一种刚性需求，子女教育险与定期储蓄类似，收益稳健。已经有孩子的白领应提前规划。

5. 养老险

随着五六十年代人的老去，我国已经进入了老龄化社会，到了八九十年代这一代，"养儿防老"的观念已经不再适用。白领一族都想追求高质量的晚年生活，必须提前做出计划，不要等到年纪大了，收入不如从前的时候才后悔年轻时的挥霍。年满16周岁，身体健康、有稳定收入的人均可在保险公司投保养老险。

6. 投资险

投资型保险，源自荷兰，投保人通过购买保险也可以产生收入。保险公司将投保人的保险金用于投资，投保人每年可以获得一定的红利收益，期满后退还保费。保险的主要作用是风险管理，但投资险除有保障功能外，还兼具投资功能。

原则上，投资型保险适用于那些已经具备养老险、重疾险、意外事故险、医疗保险的人，投资偏好相对稳健或者没有时间照顾闲置资金的人。总的来看，投资型保险的适用人群必须具备以下四个条件：稳定的收入、有资金盈余、具有风险承受能力、最好是中长期投资。

7. 财富传承险

很多白领辛辛苦苦打拼都是为了下一代生活得更好。把自己辛苦积累的财富安全传给下一代，是所有人的愿望。保险的免税功能满足了这一需求。保险的指定受益人避免了财产纠纷。分红理财险、信托、终身险等保险类型都是财富传承的好途径。

以上7种都是常见的保险投资，大多数的保险类型都具有普适性，尤其适用于具备良好支付能力的白领。合理利用保险的防风险功能也是理财的重要内容之一。

4.2.2 >> 投保原则：先保安全，后看收益

中国银行保险监督管理委员会（简称：银保监会）大力倡导"保险姓保"的概念，意味着保险必须回归到保护的本质。因此，购买保险时必须首先保障资金安全，然后才能思考如何获得收益。

随着我国经济社会的快速发展，现在人们的人均收入、生活条件变得越来越好。许多人手头有很多存款。大众对手头持有的现金不知该作何处理，如何打理剩余资产是一个值得考虑的问题。

保险作为财富和风险管理的一种工具并无异议，但不赞同大众希望通过保险

使财富增值。这既不符合保险的目的，也不现实。购买保险的主要目的应该是获得更多的保护，而不是额外的收益。此外，货币基金、国债等目前稳定的保本投资渠道也不在少数，保险只有在投保人投保多年后才会有回报，并不合算。

我们可以理解将投保看作理财手段的投保人的心理，他们内心的潜台词其实是："我买了保险，没有发生意外，钱不是浪费了吗？最好的方法是如果没有疾病，就偿还我的本息。"这种心理无可厚非。但一般人不是保险公司的金融专家，想要赚保险公司的钱难如登天。如果投保人想连本带利地拿回投保的钱，就不得不支付更多的保险费。事实上，大多数的投资型保险最终的回报是几十年来保费的自然增值，收益不如购买货币基金好。

因此，白领群体在规划家庭财产时，要让各类理财产品各尽其责，"保障的归保障，理财的归理财"。在家庭财产得到保障的前提下，对财富进行下一步的管理规划。在保险上不要过于强调升值。

为了保障人身和财产安全，储蓄账户里的钱流向了保险。许多保险代理人趁机引导投保人购买更多的教育或养老保险，导致充当杠杆作用的资金保障不足。许多白领群体，没有购买重疾险，反而将很多钱投入到孩子的教育保险中，或者将钱用于购买杠杆很低的长期返还型保险。

教育基金一般是为孩子上大学做准备的，所以支付周期较长，中途取出会产生损失。从升值空间的角度看，大多数教育型保险产品的年收益率在1.8%~3.5%之间，实际收益比货币基金更低。过早地将大笔资金用于购买孩子的教育基金反而会被套牢。

> 以一款热销的教育型保险产品为例，10年内每年投保1万元。第一年的保费是2万，这样10年累积投保11万元，18年之后返还保费，依据投保人的情况分为低、中、高三档返还，分别为16.3万、18.3万与20.2万。收益率为2.8%~4%，收益和活期储蓄差不多。

基于上文中的例子，白领家庭在购买保险时必须把保障安全放在第一位。保额要高，才能真正发挥保险的杠杆作用。分红和收益，是理财产品应该做的事，不应该是买保险时关注的重点。

保险是家庭理财的基石，也是转移金融风险的有效工具。这种产品看不见摸不着，很多人买保险，却掉入了看似高收益的陷阱。但是，"世上无难事只怕有心人"只要认真学习与保险、理财相关的知识，普通白领也可以科学购买保险。当然最重要的还是要遵循"先保安全，后看收益"这项原则。只要投保的大方向没有错，就不会发生花钱了却没有保障的情况。最后希望每个人都能用最少的钱买到最合适的保险。

4.2.3 >>> 投资型保险收益的正确看法

1999年10月，平安保险公司在我国推出了第一款与投资相关的保险产品——平安世纪理财保险，从而使国内保险业进入了产品创新的新时代。随后友邦、中国人寿、泰康等保险公司相继推出了分红保险，新华推出了投资联结保险，中国太平洋保险推出了万能保险等一系列新产品。

从产品形式来看，这些不同类型的保险可以分为三类，即投资联结保险、普惠型的万能保险和分红保险。它们的共同点是产品价值随保险公司的运营情况而产生波动。由于决定产品价值的关键是保险公司，保险行业的竞争也从传统的价格竞争转变为公司运营水平的竞争。各大保险公司为了招揽投保人，通过各种渠道大力宣传公司的业绩水平。如此一来，人们在考虑投资型保险的收益时，不免与各大保险公司挂钩。

投资型保险的投资收益率多少才合适？这是许多投资者想知道的答案。虽然人人都希望获得更高的投资回报，但收益越大，风险也就越大。如果一个国家的GDP增速长期在8%左右，投资型保险的回报率也在8%左右，而某一保险产品的投资收益率长期在10%以上，那么这其中肯定隐含着很高的风险。高的收益率很可能导致亏损的结果。

> 王先生一年前在×××保险公司购买了分红型投资保险。出于对预期高利率的渴望，王先生一年多来一直关注保险公司的运营业绩。事实上，王先生在购买保险产品之前就对投资型保险进行了深入的了解与学习。早在2018年初，王先生就得知×××保险公司2017年的投资收益率可能达到9%，远远高于其他保险公司。王先生支付了100元的保费，每年分得约9元保单分红。

> 然而,虽然保险公司的投资收益率与运营业绩有一定的关系,但并没有必然而直接的联系。如果王先生深入了解了这家保险公司的投资收益与保单分红之间的关系,就会发现事与愿违。简单地说,保险公司发放的红利是以保险公司的利润为基础的。然而,保险投资的利润来自"死差""利差""费差"。保险公司的投资收益率较高,只能解释盈亏差额,并不意味着保险利润率一定高。如果出现亏损和费用损失,就会抵消一部分利润,分红型投资保险的整体利润率就会下降。"分红"只是产品的一个附加功能,不应该有太多的投资增值预期。

简单地比较不同保险公司公布的投资型保险的收益是不合适的。根据银保监会的规定,经营投资型保险的公司必须披露产品的投资收益或分红信息。然而,由于不同的保险公司评价和计算保险产品回报率的方式不同,单纯比较保险公司公布的投保人回报率很容易得出不正确的结论。而且投资型保险的目的也不是为了让投保人比较收益。那么,应如何正确看待投资型保险的收益?

在投资型保险上,很多投保人对保险收益的看法都不正确。正如之前所说的"先保安全,后看收益";投资型保险并非理财产品,也并非一定不会亏损。面对高收益的投资型保险产品时,投保人往往会忽略背后的巨大风险。投保人应该正确理解收益与风险的关系,平衡风险与收益,实现财富的增值。

事实上,收益是与风险相伴而生,但二者之间的联系又并非成正比或成反比那么简单。面对更高的不确定性,必须以更高的回报作为补偿。但高风险并不意味着高回报。最终收益可能高于预期收益,也可能低于预期收益,不确定性越高,偏离预期收益的可能性越大。如果投保人对投资型保险收益的随机性没有一定的了解,通常会只看到收益而忽略风险。

收益与风险是一对双胞胎兄弟。对于投保人来说,有必要了解在投资型保险中你可能会损失多少。因此,要进行类似的高风险投资,必须使用自己的闲置资金。换句话说,即使这部分钱亏损了,也不会影响正常生活。就投资战略而言,首先是方向不能错。其次,必须坚持正确的战略。至于收益,是基于安全的前提之下,不能盲目追求收益。

4.2.4 >> 各类型保险最划算投资技巧

随着经济社会的进步，人们闲置资金数量的提高和家庭风险防范意识的增强，保险在理财中的重要性越来越得到认可。然而由于信息不对称、保险观念的缺失，即使是高知识水平的白领群体在保险方面也仍存在一定的误解。

普通的上班族如何巧妙地安排自己的保障计划，使保险在生命中的关键时刻发挥应有的作用，同时将保险支出降至最低？可以从以下几点投资技巧入手，如图4-4所示。

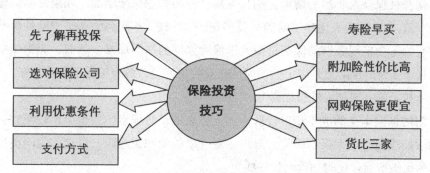

图4-4　保险投资技巧

- 技巧一：先了解再投保

在购买保险之前，做好充分的准备工作，通过各种渠道提前了解想要购买的保险产品，了解自己的险种需求。此外，理财专家建议，保费最好遵循"双十法则"，最高不得超过全年总收入的30%。

- 技巧二：选对保险公司

大多数的保险公司会向老客户提供一定的保险优惠。因此，对于投保人来说，如果想要购买的保险类型没有太大的不同，最好一直选择同一家保险公司投保，这样被保险人就会既减少"转移成本"（投保人将时间和精力用于选择新的保险公司），又可以享受老客户优惠。

- 技巧三：利用优惠条件

除了老客户优惠外，保险公司在某些条件下还会给予折扣。被保险人在意外发生时还需要进行比较，利用保险公司提供的利益做出对其最有利的决定。例如，在汽车保险中，保单中经常规定："当年没有提出索赔要求的被保险人，在下一年续保时可以享受一定的保费折扣。"轻微的意外发生时，被保险人可以自行权衡可获保费与折扣保费之间的差额，以决定是否提出索赔的要求。

- 技巧四：支付方式

很多保险产品允许被保险人一次性付清所以保费，也允许投保人分期付款。哪种方法对投保人更经济，取决于投保人的具体情况。例如，同样的保单可以一次性支付1万元，或分成5年付清，每年2200元。但后者相当于多付1000元。

- 技巧五：寿险早买

随着被保险人年龄的增加，购买寿险产品的费用也会增加。如果是相同保额的保险，40岁时购买比20岁时购买要多花30%的钱。年纪越大购买寿险的保费越高，有的还会出现缴纳的保费总额大于保险额度的颠倒现象。然而，无论年龄大小，每年支付的保险金是固定的。但从收益的角度看，寿险买得越早越划算。

- 技巧六：附加险性价比高

附加保险本身的成本相对较低，加上省去的销售成本，售价会比较便宜。常见的附加险包括重大疾病保险、寿险、意外事故险和医疗险，以这些保险类型为主体的保险费通常比附加险略贵一些。

在购买额外保险时，有一些问题需要注意。首先，投保人必须注意附加保险的截止日期。有时附加的保险是有期限的，一定期限过后就失效了。其次，附加保险应该是整个家庭保险计划的补充部分。最后，需要注意的是，附加保险的保险额度受主保险额度的限制。没有必要为了增加附加险的保险额度而花费更多购买主保险。

- 技巧七：网购保险更便宜

一些网上销售的保险产品往往通过团购保险等促销和优惠活动来吸引客户。然而，网上的保险产品种类十分有限，虽然在网上购买这种保险比较便宜，但还是有必要选择一些资质更高、信誉更好的公司，以确保顺利取得理赔款。

- 技巧八：货比三家

可以购买保险产品的第三方渠道包括除保险公司外的金融机构、保险中介机构与网络平台。第三方机构可以代理很多个不同保险公司的产品，产品种类不受限，立场中立。通常提供给客户的保险方案都是性价比高的产品。此外，一些新兴的小保险公司为了扩大市场，往往会与第三方机构合作，推出高性价比的产品，让利给投保人。

在第三方渠道购买保险的好处是，投保人可以"货比三家"，比较不同产品的内容和价格。在同一平台上很容易看出区别，便于投保人找出性价比最高的保险产品。

以上所述的技巧都是希望投保人在风险转移的原则下，安排不同类型的保险组合。注意购买保险时的量，对保险产品的数量、保险金额等做出适当的安排，避免保险短缺，也要防止保险过度。最重要的技巧还是要根据自己的实际需要与支付能力，有选择性地投保，避免贪大、贪多。

4.3　如何实现高效保险理赔

保险的索赔问题是投保人最关心的问题之一。对大多数投保人而言，索赔时的麻烦和困难比选择理财产品还要难，保险公司拒绝赔偿的情况也时常发生。我国的监管部门要求保险公司不断完善理赔制度，各保险公司正在积极地精简理赔流程。

保险消费者自身理赔行为也亟须规范，在理赔前应该多了解一些常识，哪些可以理赔？哪些不可以理赔？如果想顺利拿到理赔，投保人必须明确理赔条例，了解有效索赔的步骤，才能更充分地保障投保人的权益。

4.3.1　>> 以车险为例的保险理赔技巧

汽车已经成为千家万户的出行工具。汽车的普及一方面给大众的出行带来了方便，另一方面也带来了随之增多的交通事故。发生交通事故后，如果投保人想得到快速、合理的赔偿，就需要对保险的索赔技巧有更多的了解。

对于车主来说，汽车给生活带来了方便。然而，除了方便，车主们也有一些烦恼。一方面是停车难的问题。另一方面是停车后或行驶过程中汽车所面临的意外损坏和故障，这里就要涉及保险的理赔问题。接下来就以邵小姐的理赔经历为例，谈一谈车险的保险理赔技巧。

不久前，邵小姐逛超市把自己的车停在了路边。当她回来时，发现自己的爱车的后玻璃被打碎了，倒车镜、车灯、车漆都受到了不同程度的损坏，如图4-5所示。邵小姐向保险公司报案。但在理赔中，保险公司与邵小姐在确定损失时出现了不同的意见：保险公司认为理赔只能按玻璃的损坏赔偿玻璃受损的损失，邵小姐则认为汽车不仅玻璃损坏，其他损失也应该根据汽车损坏保险来确定理赔金额。

图4-5 被损坏的汽车

经核实，邵小姐购买了全套车险，包括交强险、盗窃险、玻璃破碎险、三者险、车辆损坏险、不计免赔险、划伤险等。她认为自己已经购买了全车保险，而且车辆受损的事实是清楚的，保险公司应该赔偿自己的玻璃和其他的车辆损坏。

保险公司则认为，汽车只能赔偿汽车玻璃受到的损伤。其理由如下：

① 盗窃险显然不适用于这起事故。根据保险合同上的规定，盗窃险要满足的第一个条件是整车被盗。而邵小姐的车辆并没有被盗走。

② 汽车损坏险也不适用于该事故，因为盗窃不是合同规定的"保险事故"。

事实上，引起纠纷的原因主要是邵小姐对玻璃破碎险和车辆损坏险的定义不是很清楚。玻璃险全称玻璃单独破碎险，是指汽车在停车时和行驶过程中造成的玻璃损坏。这种保险专门针对前后玻璃和车窗玻璃。因此，车灯或镜子的故障与玻璃险无关。保险公司不需要支付。

每个人在车辆受损时都想获得最大的赔偿，这将减轻他们的经济负担。在车流量越来越大、交通事故越来越频繁的情况下，只有给车辆投保才能得到最大限度的保护。投保人在购买汽车保险时，有一些问题需要注意，如合约中的保险免赔条款。一些车主在签订保险公司的保单前，没有仔细阅读免赔条款，等到需要解决索赔的问题时，不仅使过程更加复杂，并且影响索赔的数量。因此，掌握汽车保险的理赔技巧很有必要，可以让投保人享受更多的车险理赔。总的来看，汽车的理赔技巧分为如下几点。

第一，交通事故发生后，事故的责任双方往往各执己见，所以在这个时候，投保人必须注意保护事故现场。如果现场被破坏了，交警部门在对发生的事故进行责任鉴定时可能会有偏差。投保人在交通事故发生后最好立即对事故现场进行拍摄，如果需要移动车辆，一定要记录轮胎的位置和车辆的关键部件以保护事故现场。

第二，不要随意修理事故车辆。因为保险公司需要对车辆受到的损坏定性。在没有确定损失的情况下，车辆被修理好，在申请理赔时，很可能会与保险公司发生更大的纠纷。因此，在车辆发生事故，保险公司人员开具定损单后，再进行修理也为时不晚。这在汽车保险索赔中尤其重要。

第三，针对车辆受到的损伤很小，维修费不过几百元的情况，有经验的车主会选择自己修理。如果选择上报保险公司申请理赔，车主可能需要花更多的时间来处理这件事，也会影响第二年的保险折扣。因此，在相对较小事故的情况下，车主可以选择自行解决，这也是汽车保险的理赔技巧中非常重要的一点。

通常，当保险公司在处理理赔问题时，他们的流程是固定的。如果投保人在事故发生后不遵循理赔流程，可能会影响到理赔金额。了解汽车保险理赔技巧可以帮助投保车主得到更多的保护。

4.3.2 >> 重复保险分摊原则

当投保人向多家保险公司重复保险同一险种时，当发生事故时，遵循重复保险分摊的原则，投保人的赔偿由保险公司分担，且投保人获得的赔偿金额不得超过损失金额。这是重复保险的赔偿原则，防止投保人因重复保险而获得额外的利益。

例如，某投保人投保人身意外保险产品的实际价值是200万元。投保人在A保险公司购买了80万元的人身意外险，在B公司购买了120万元的人身意外险，在C公司购买了40万元的人身意外险，又在D公司购买160万元的同类型保险。事故发生后，经鉴定，该投保人的实际损失为60万元。遵循重复保险分摊原则，A、B、C、D四个保险公司承保的保险总额为：

80万元 + 120万元 + 40万元 + 160万元 = 400万元

四个保险公司各自分摊的赔偿金额是：

A：80 ÷ 400 × 60 = 12万元

B：120 ÷ 400 × 60 = 18万元

C：40 ÷ 400 × 60 = 6万元

D：160 ÷ 400 × 60 = 24万元

重复保险分摊的方式共有三种，如图4-6所示。

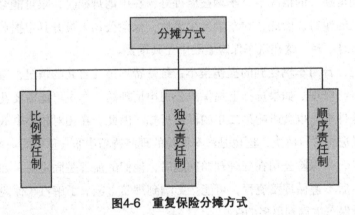

图4-6　重复保险分摊方式

1. 比例责任制

保险公司按照投保人购买的各自的保险金额承担赔偿责任。公式是：保险公司的责任分摊 =（某保险公司的保险金额 ÷ 所有保险公司的保险金额）× 投保人损失金额。

2. 独立责任制

独立责任制又称限额责任制，是指保险公司在投保人没有重复购买保险的情况下,根据保险公司需要支付的赔偿金额为基数计算出每个保险公司的分摊比例;然后,按比例计算赔偿。是按保险公司对投保人承担的最大责任比例分摊赔偿责任。公式是:保险公司的责任份额=(保险公司独立责任限额÷多家保险公司独立责任之和)×损失金额。

3. 顺序责任制

顺序责任制确定赔偿份额基于保险人签发保险单的顺序,即首个签发保险单的保险公司在保险金额的限额内赔偿投保人,然后第二个保险公司在保险金额的限额内赔偿超出第一个保险公司限额的部分,直至被保险人的损失全部得到赔偿为止。这是按承保顺序进行分摊的一种方法。

重复保险分摊原则并非适用于所有保险,有些保险不能重复赔付,例如财产险禁止重复投保,人身意外险的部分险种中重复保险分摊原则也不适用。

> 案例一:财产险不能重复赔付
>
> 刘小姐在三家保险公司为她的新车分别投了20万元的保险,总计60万元,保额过百万。半年后,刘小姐的车因事故造成车辆损失,修理费总计9万元。刘小姐向三家保险公司分别提出了9万元的保险索赔。
>
> 在事故调查中,其中的一家保险公司发现该车在三家保险公司都购买了保险,属于重复保险。三家保险公司拒绝9万元的索赔,最终每家保险公司只赔偿了3万元。
>
> 案例二:人身意外险的部分险种不能重复赔付
>
> 某国有企业的高管赵先生有医疗保险。起初他并不想购买商业保险。然而,他没能在保险公司推销员的反复动员下抵御住诱惑。结果,他不仅买了康宁人寿保险,在业务员的鼓动下,他还购买了额外的住院保险、意外伤害医疗保险等。推销人员告诉他"多买多得",双方签订的保险合同也并没有表示"不能多得"的字样。赵先生从2017年9月开始按时缴纳保险费。在他生病后,单位的医保报销了大部分的医疗费用。当他向保险公司提出索赔时,保险公司只支付了他没有报销的医疗费用。
>
> 赵先生算了一笔账:2017年,他受伤住院了,他的医疗费用总计4579.93

元,单位的医保报销了2978.2元,索赔保险公司得到了1579元。而购买人寿保险支付了4920元,附加保险支付超过380元。这样算来,赵先生向保险公司支付了5300多元,但只有1579元的赔偿,损失了3700多元。

让赵先生不解的是,根据双方签订的保险合同,保险公司应支付医疗费用总额的大部分比例,但事实上只报销了自己承担的医疗费用总额,应该得到的赔偿大大减少了。销售人员如果讲清楚结算方法,或者保险合同中写明计算方法,他根本就不会购买商业保险。

案例三:儿童寿险保障有限额

孙女士最近遇到了高中同学李丽。李丽在一家保险公司做代理,她听说孙女士的女儿马上就要开始上小学,建议孙女士给孩子买一份"人寿保险+教育保险"的组合保险,保额20万元。然而,这份组合保险含有重复保险的问题。如果孩子不幸发生意外,得到的赔偿不超过10万元。

重复保险分担原则是从赔偿原则衍生而来的。它与财产保险业务中发生的重复投保关系密切。在原则上,重复保险是不允许的,但它又确实存在,其原因通常是被保险人或投保人的疏忽,或投保人希望从心理上寻求更大的安全感。在涉及重复保险的理赔时,投保人应主动将重复保险的情况告知保险公司。

4.4 普通白领购买保险时应规避的误区

职场白领往往更有能力、更自信。他们的生活节奏也更快,面临更多的风险。适当地购买保险可以很好地规避风险。然而,许多职场白领在购买保险时存在一些误区。下文将重点讲述普通白领购买保险时应规避的误区,并以普通工薪三口之家为例,分析白领家庭的保险模式。

4.4.1 >> 普通白领购买保险时的10个常见误区

随着经济发展社会进步,保险越来越受到人们的欢迎,种类也越来越精细化。在城市人口中，白领群体占很大比例，是社会的中流砥柱。白领一族的健康和安全举足轻重，购买保险是普通白领的重要保障。但是，普通白领在购买保险时常常有以下10个误区，如图4-7所示。

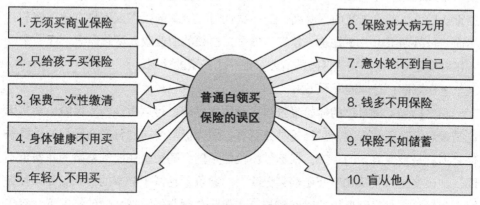

图4-7　普通白领买保险的误区

- 误区一：无须购买商业保险

虽然公务员和事业单位的从业人员比其他行业的白领有更稳定的收入和保障，但商业保险仍然是一项重要的投资。如果购买了商业保险，在退休后，收入水平与退休前的落差就会小得多。

社会保险覆盖面广，一定比例的医疗保险需要个人承担。其中的自费部分需要商业保险的补充，社保一般规定了最高缴费限额。对药物的使用也有一定的限制。目前，许多保险公司都推出了大病保险，使被保险人在遭受严重疾病时可以获得相当可观的医疗费用。

- 误区二：只给孩子买保险

有的白领认为，我现在收入不错，单位有医疗保险，所以只给孩子买商业保险就可以了。

我国有一句古话"覆巢之下，焉有完卵？"一旦家中的顶梁柱发生意外，谁来给孩子的保险缴费呢？如果商业保险投资合理地应用于中年人，即使家中的中流砥柱遇到意想不到的情况，指定孩子为受益人，也可以给孩子很好的保障。与此同时，商业保险也承担着为中年人提供养老钱的功能。养儿防老不如买保险养老，中年白领的保险理念应该从退休养老金转变为保险养老金。

- 误区三：保费一次性缴清

购买保险和贷款买房是一样的。如果选择"一次性付款"，可以支付较少的利息。因此，经济实力较强的白领一族倾向于一次性缴清。然而，这种一次性付款的方式实际上并不合算，大多数保险公司都有规定：分期支付保险费的投保人患重病后可以免除未交的保险费，但一次性付完全款的投保人不享有此项权利。然而，付款期限也并不是越长越好。如今，白领的职业收入变化很大，在一个收入相对稳定的周期内完成保险的清缴，是一个安全的计划。

- 误区四：身体健康不用买

很多白领觉得自己的体检报告显示身体很健康，可以暂缓购买保险。其实无论是重病保险还是寿险，买得越早越划算，因为保险公司制订产品计划的重要条件之一就是被保险人的年龄。根据年龄段的不同，购买疾病险、寿险的花费也不同，如果普通白领从40岁开始购买保险，"起价"远低于45岁的白领。如果被保险人年轻且支付保险费用的时间较长，在保险总额与保险费相同的情况下，每年支付的金额可以保持在最低水平。

购买保险是居安思危的防护措施，当出现健康问题时，再投保已经为时晚矣，即使侥幸在疾病发作前购买了保险，也可能无法获得保险公司的赔偿。如演艺巨星张国荣和梅艳芳都是在身故前不久购买的保险，因为尚在免责期，未能从保险公司获得预期的理赔。

- 误区五：年轻人不用买

许多20~30岁的年轻白领认为自己身体很强壮，罹患重病的概率很小。年轻并不意味着不会生病。随着社会的发展，年轻人的工作压力越来越大，一些白领的工作过于繁忙，无暇锻炼身体，养成了诸如暴饮暴食、吸烟、酗酒等坏习惯。这些行为会直接导致神经内分泌功能紊乱、自身免疫力下降等症状。据统计，我国约有70%的人处于亚健康状态，从事脑力劳动的白领一族是最容易进入亚健康状态的人群之一。处于重压之下的白领们，尽快购买商业医疗保险是明智的，越早购买保险就能越早得到保护。

- 误区六：保险对大病无用

有的白领认为，癌症之类的重病，即使买了保险，也治不好，还不如不买。就目前的医疗技术水平而言，一些重大疾病确实是无法治愈的，但治疗至少可以延长患者的生命。就癌症而言，在发现的早期便治疗可以使死亡率降低三分之一。此外，病人都有求生的本能。家人为了挽救病人的生命也愿意倾其所有。如果提前购买了重大疾病险，风险将由保险公司承担，家庭无需倾家荡产四处借钱来筹集治疗资金。一旦罹患重病，保险可能给病人再活一次的机会。

随着科技的不断进步，看病已经不再是医疗技术问题，而在于医疗费用。只要有钱，病患就可以选择顶级的医疗技术和顶级的医疗服务。年轻白领为什么不考虑一下，强迫自己存一笔钱购买保险来抵御风险呢？

- 误区七：意外轮不到自己

有些人认为世界那么大，即使有事故，也不一定发生在自己身上。事故发生是客观的，它不以个人的意志为转移。意外什么时候降临，降临在谁的头上，没有人可以准确预测。也因为事故发生的不确定性，普通白领应该购买意外险。保险是分担事故损失的一种财务安排。虽然事故带来了各种各样的灾难，但保险可以给受害者及其家属在经济上提供相当大的帮助，并在精神上给予一定程度的慰藉。不管你见或不见，危险就在那里，不要心存侥幸，一旦事故发生，花再多的钱也买不来保险了。

- 误区八：钱多不用保险

保险有许多功能。对于那些经济基础较差的人来说，保险解决了事故发生后收入突然中断时的经济问题，起着保护作用。对于富人来说，保险的作用主要是保护财产。如果富人需要几十万乃至几百万元的医疗费用，随时拿出现金是没有问题的。然而，有了保险只需要2000元就能解决问题，无需花费自己的财富，应该采取最有效的方式来保存积累起来的财富。保险是人类总结出的最安全的财产保护方法。它不仅可以抵御事故带来的经济风险，而且可以免付税款。

- 误区九：保险不如储蓄

"不要把鸡蛋放在一个篮子里"，世界上有许多管理金钱的方法供人们选择。把钱存入银行的好处是安全便捷。但是如果在储蓄过程中发生意外的话。不仅储蓄计划可能会被打断，所有的利息很可能化为乌有。保险，特别是长期保险，既有储蓄的作用，又有转移风险的作用，只需支付少量的保险费。一旦有意外发生，可以得到一大笔理赔。此外，通过银行储蓄来实施养老金计划也有一些困难。由于储蓄存款的便利性，养老金计划很可能会夭折；保险是有针对性与专门用途的，是一种强制性的储蓄措施，可以保障投保人退休生活。

- 误区十：盲从他人

每天都有人在购买保险，我国每年的保费收入都在大幅增长。买或不买保险不要看周围人，而要看自己是否需要。保险涉及人们应对未来的生活态度。如果周围人不买保险，或者有人建议你不要买保险，我们必须坚持住自己的认识。自己的事情要由自己来衡量、自己来决定。

在金融危机中，保险已经经历过了风暴的洗礼，普通人可以借助保险来规避风险。生活在时尚前沿的白领一族也可以通过保险给自己一个保障，寻求心安。

4.4.2 >> 普通工薪三口之家保单分析

本小节以北京的一对80后普通工薪三口之家小刘和小邓家庭为例，分析普通白领家庭应该如何规划家庭保险，表4-1所示的是其家庭的基本状况。

表4-1　小刘和小邓家庭基本情况表

主要家庭成员	年龄	工作单位	职务	收入	已有保障	健康状况
丈夫小刘	34岁	股份制企业	销售经理	年薪30万	社保	轻度胃病
妻子小邓	30岁	私营企业	行政	年薪12万	社保	良好
儿子小石头	1岁	无	无	无	无	良好

如表4-1所示，小刘和小邓都是普通的白领一族，正处于家庭添丁和事业发展的重要时期。与北京的平均工资水平相比，他们的收入属于中等水平。除了可以满足个人开销外，他们还为家庭做出了很大的贡献。但由于买房贷款，家庭债务高，收入和支出基本持平。小刘和小邓都是独生子女。如果父母患病，需要这对夫妇的反哺。作为家庭收入的中流砥柱，小刘和小邓都有社会保障。但由于社会保障覆盖面狭小、保障水平低，小刘和小邓的保障还不够；抵抗力差的小孩子更是完全没有受到保险的保护，如图4-8所示。

这样一个典型的普通工薪三口之家应该如何规划自己的保单呢？在自己的小家庭，和已经退休的父母的大家庭中，小刘和小邓都是家庭的支柱，是孩子和父母的依靠。为了保护好自己的家人，应该先保护小刘和小邓自己，如图4-9所示。

```
丈夫小刘
1. 年龄：面临35岁瓶颈期
2. 健康：一般
3. 收入：对家庭贡献大
4. 责任：养孩子、还房贷
5. 保障：不足
```

```
妻子小邓
1. 年龄：职场面临已有孩子瓶颈
2. 健康：良好
3. 收入：对家庭贡献较大
4. 责任：养孩子、还房贷
5. 保障：不足
```
保障分析

```
儿子小石头
1. 年龄：幼儿、依赖父母
2. 健康：良好
3. 收入：纯消费，没有收入
4. 保障：无
```

图4-8　家庭成员保障分析

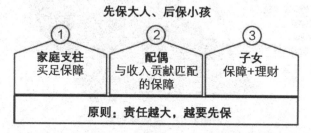

图4-9　投保原则：先保大人后保小孩

① 意外险。倘若收入最多的丈夫小刘出了事故，致使身体残疾无法继续工作甚至身故，他的妻子小邓不能养活全家。同样，妻子小邓意外致残或死亡，小刘靠自己的收入也养活不了全家。因此，建议小刘和小邓都购买意外险，保险额度最好可以支付家庭未来的生活费用、孩子教育费用与房贷的债务费用。

② 健康险。虽然小刘和小邓的单位都有基本的社会保障，但是社会保障的额度不高，疗效好、副作用小的特效药，不属于社会保障报销范围。所以建议小刘和小邓都购买商业医疗保险，和可以报销全额住院费用的保险与重疾险。

③ 寿险。丈夫小刘与妻子小邓中，无论哪一方意外死亡，另一方的收入都不能满足自身和小石头的教育费用，所以建议小刘和小邓可以考虑投保20年或30年的分红型寿险。

④ 养老险。目前偿还债务的压力较大，儿子小石头开销较高，暂时没有剩余资金考虑养老险和教育险的问题。

⑤ 孩子的健康险。儿子小石头没有社会保障，医疗费用需要父母全额承担，婴幼儿免疫力低，最好为孩子购买商业医疗险和意外险。

一家三口的保险额度需要在可以承担的经济范围内。图4-10所示的是小刘和小邓家庭的保障规划图。

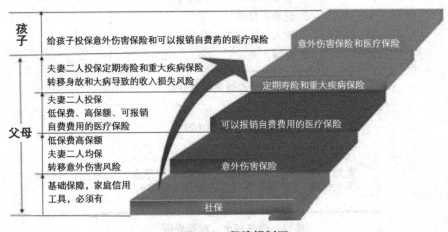

图4-10　保障规划图

最后，总结一下普通工薪三口之家的保险顺序和比例。成人先投保，投保顺序按照风险由高到低，先投保高风险，如意外事故、重疾险、寿险等。丈夫与妻子中收入多的投保额度要更高，因为他们承担的家庭责任更重，保险费用所占比例也理应更大。儿童保险优先投保常用的保险类型。总的来说，家庭投保不要过多，要根据自己的实际情况量力而行。

第 5 章

» 越来越流行的互联网金融理财

蓄积者,天下之大命也。　　　——(汉)贾谊

几年前，大多数国人对互联网金融理财还不甚了解，但随着移动互联网技术的高速发展，互联网金融理财已经进入了普通老百姓的家庭。越来越多的人选择通过互联网金融管理自己的财务，实现财富增值。

无论白领们从事的是互联网金融行业还是其他行业，都离不开互联网金融。事实上，互联网金融就在我们身边。时下流行的微信支付、支付宝支付，都是互联网金融的一种。互联网金融不知不觉地进入了每个人的生活，互联网金融理财已经成为一种理财潮流。

5.1 如火如荼的互联网金融理财

正在崛起的我国已成为全球最重要的金融科技创新地区。各大互联网金融平台所展示的创新型金融理财模式，不仅改变了国人的生活方式，也开始影响全球的生活方式。随着我国互联网金融模式的成熟和发展，我国的互联网金融有望真正造福世界，乘着这股东风，互联网金融理财将迎来自己的黄金时代。

5.1.1 >> 互联网金融高速发展背后的原因

互联网金融是指，传统金融机构与互联网企业利用互联网技术和信息通信技术实现金融通、支付、投资和信息中介服务的新型金融业务模式。它的本质是基于网络的财务活动，是互联网和金融界的空前联合，是一种过程也是一种结果。

政府的看重与互联网技术的飞速发展使互联网金融如火如荼，大数据金融与第三方支付等互联网金融创新应运而生。互联网金融的高速发展对促进我国的经济发展与普惠金融的实现起到了至关重要的作用。为何互联网金融在这么短的时间内发展如此迅速？究其背后原因，有以下几点。

首先来看一组数据，表5-1所示的是我国的互联网普及率。

表5-1 我国的互联网普及率

时间	网民规模	互联网普及率
2014	6.32亿	46.9%

续表

时间	网民规模	互联网普及率
2015	6.68亿	48.8%
2016	7.31亿	53.2%
2017	7.51亿	54.3%
2018	8.02亿	57.7%

如表5-1所示，我国的互联网普及率逐年攀升，根据《中国互联网络发展状况统计报告》最新发布的数据，截至2018年6月，我国的网民规模达到8.02亿，互联网普及率达到57.7%，正是庞大的用户基数，推动了互联网金融的高速发展。

其次，互联网技术的不断突破、进步促进了互联网特别是移动互联网的快速发展。互联网技术催生出了大数据时代。从人们的工作生产到生活方式，甚至是人们的交流方式，互联网技术深刻地改变了几代国人。互联网的快速发展为传统产业的改革翻新创造了条件。

此外，庞大的用户群将孕育出国人各种各样的需求，企业会不断改进互联网技术来填补用户的需求，这也是企业得以发展进步的源泉。互联网金融能够快速发展的关键，就是它满足了用户尤其是小客户的金融需求。

自2003年支付宝诞生起，网络金融进入了遍地开花的时代，从网络支付、网络贷款、网络理财、网络众筹到网络征信，互联网金融的简史也是国人消费、理财方式的换代史，如图5-1所示。

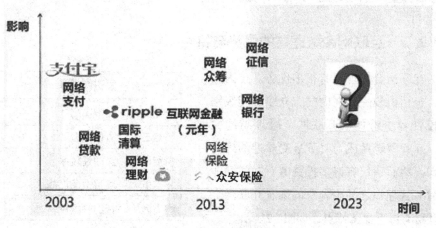

图5-1 互联网金融简史

相比传统金融，互联网金融有明显的优势。以某一互联网金融平台为例，它的管理逻辑是满足用户的"长尾需求"。许多银行并没有为占互联网时代大部分比例的基层用户提供令他们满意的服务。购买银行理财的起点至少为万元。大多数人不愿意用上万的资产进行理财尝试，没有初次尝试自然也不会有后续。然而，基层用户缺乏资金并不意味着他们没有购买理财产品的意愿。

通过降低准入门槛，该互联网金融平台将目标用户定位于无法达到银行高门槛的草根客户。一些平台甚至可以以1元的低价参与理财，无疑会引发基层用户的追捧。目前许多互联网金融项目的大部分投资资金流动性灵活，只需动动手指，就可以在手机上完成操作。

此外，互联网金融不仅方便了人们把闲置的资金花在投资上，还可以获得比银行当前利率高出许多倍的利息。因此，与低利率的银行存款相比，选择一个安全可靠的金融平台更加实惠。

从以上分析我们可以得出以下结论：互联网金融产品迅速发展背后的原因是满足了用户的需求，弥补了传统银行理财产品的不足，这也是我国金融市场长期压抑的结果。最后，从国家政策的角度来看，国家的支持为互联网金融的发展提供了保障。"发展普惠金融，鼓励金融创新，丰富金融市场层次和产品"是政府为互联网金融业的发展指出的新出路。

5.1.2 >> 互联网金融理财的优势与特点

互联网金融理财有很多优势。正因如此，包括白领一族在内的，众多不同级别的投资者纷纷加入互联网金融理财的大军，互联网金融成为时下最受欢迎的理财方式。然而，仍有许多投资者对互联网上的财务管理知之甚少。总的来看互联网金融理财有以下显著特点，如图5-2所示。

特点一	投资门槛低
特点二	回报率高
特点三	方便快捷
特点四	流动性较好
特点五	项目透明度高
特点六	标的有抵押

图5-2 互联网金融理财的特点

- 特点一：投资门槛低

在传统的理财项目中，起步价动辄上万元甚至更多。在起跑线上，就将大多数的基层民众排除在外。相比之下，互联网金融理财的进入门槛可以低到忽略不计，每个人都可以在互联网金融平台上管理自己的财务。与传统的理财产品相比，互联网金融理财更倾向于基层的普通大众。

- 特点二：回报率高

相较传统的理财产品回报率，互联网金融理财的回报率要高出3～5倍。互联网理财也更加灵活，投资者可以自行选择投资期。收益率是同期银行定期存款的4～8倍。

- 特点三：方便快捷

互联网理财最大的特点是操作方便。投资者只需连接到互联网，使用手机app或者PC端的网站就可以不分时间、地点地查看自己的投资状态，理财变得非常方便。与传统理财产品需要去银行柜台办理业务或去证券所的情况相比，互联网理财节省了很多的时间，将这些跑来跑去的时间用于了解金融市场的行情，也有利于风险的把控。

- 特点四：流动性较好

相比银行等传统模式的理财产品，互联网金融理财的流动性也相对较好，很多互联网金融理财产品都是一次投入，按月回款，投资者每个月都可以得到一部分收益，而银行里的存款只有等到约定的储蓄期满才能得到收益。

- 特点五：项目透明度高

在政府部门的严密监管下，网络借贷行业泥沙俱下的无序时代已经结束，在未来互联网金融理财将会越来越合规。监管规定中要求互联网理财平台必须依法披露信息，告知投资人钱款的使用情况和项目信息，使投资者能够了解目标产品，做出正确的选择。当投资者投资银行理财时，大多数人并不知道资金的用途。投资者无法衡量理财产品的风险。

- 特点六：标的有抵押

任何投资都是有风险的。投资银行业务是出于对银行的信任，不采取任何降低风险的措施，是直接贷给银行的信用借款。互联网理财则有借款人的资产抵押，并办理抵押登记手续。只要选对了平台，互联网金融理财和银行理财一样有保障。

除了以上六个特点，相比其他理财产品，互联网金融理财产品还有很多的优势，如与股票相比，互联网金融理财的优势显而易见。许多投资者可能知道股票回报率相对较高，但股票的风险性也要高出很多。想要在股票市场获得回报，不仅需要专业知识，还需要足够的资金。对于一个市场敏感度差、缺乏专业知识的投资者来说，贸然进入股市很可能血本无归。

互联网金融理财与信托产品相比，进入的门槛更低，适合基层投资者。信托产品的起投价经常超过100万元，这种高起点使想要参与的普通投资者有心而无力。信托产品的投资周期多为1～2年，中途不可转让，与互联网金融理财相比流动性也较差。

互联网金融理财与银行理财相比收益率更高。据相关统计，2019年前11个月，银行理财收益率呈持续下跌状态，直到12月才有所反弹，但平均收益率也仅仅上涨至4.06%。而互联网理财定价清晰，收益率一般在8%～15%，比银行的收益率高出很多。

总的来看，互联网金融理财投资门槛低、回报率高、方便快捷、流动性好、透明度高、标的有抵押，和其他理财产品相比也优势明显，非常适用于小额投资者，需要防范的主要是互联网金融平台的风险性。

5.2　4种主流的互联网金融理财模式

我国当前的经济领域内，互联网金融理财的热度居高不下，它不仅影响着大众的生活方式，而且有效地促进着市场经济的发展。互联网金融包含很多方面，具体而言互联网金融目前的主流产品有四大理财模式：一是以余额宝为代表的网络基金理财模式，二是以娱乐宝为代表的众筹型互金理财，三是借助互联网金融门户理财，四是第三方支付。下文将针对以上四种互联网金融理财模式作重点解释。

5.2.1　▶▶ 余额宝：网络基金理财模式

互联网金融理财的兴起成为我国金融业发展具有划时代意义的里程碑。其中，阿里巴巴与天弘基金合作推出的余额宝尤为引人注目。2013年6月，余额宝在支付宝平台悄然推出，以支付宝的8亿多用户为目标对象，"让投资变得简单"的余额宝用户迅速增长。

2013年6月30日，上线10余天，余额宝的用户人数达到251.56万，资金规模42亿元。随后的淘宝"双十一"活动带来了巨大的用户量，资金规模一举超过1000亿元，是我国基金历史上第一家突破1000亿元的基金。2014年，用户量达到8100万，管理资金超过5000亿元，成为全球四大货币基金之一。在2018年天弘基金公布的数据中，余额宝的用户量超过3亿，如图5-3所示。

图5-3　天弘基金首页显示的余额宝的用户量

余额宝的成功，使阿里巴巴打破了商业银行在金融产品销售方面独占鳌头的地位，更使得天弘基金突然崛起，赶超了行业龙头华夏基金。余额宝规模快速扩张的时间也是国人热衷于财富管理的阶段。各种互联网金融理财产品竞相推出，理财产品竞争激烈。如何更好地管理剩余资产已经成为人们的热门话题。

受此影响，各方的注意力都聚焦于金融创新，金融产品遍地开花，保守的银行开始审视行业的未来发展。在此之前，小额投资者很难得到银行的青睐。因为对于传统银行业而言，为小额投资者提供服务的成本超过收益。然而，在互联网金融理财上，这些传统成本已经消失，小额投资者投资机会变得更多了。

以余额宝为代表的互联网金融理财不仅拓宽了财富管理的渠道，也改变了人们的生活方式。出门不用再带现金，使用支付宝或微信支付都很方便。

1. 基金业有了互联网思维

在互联网金融欣欣向荣的今天，大型基金公司正在考虑如何跟上时代的潮流，确保在未来不会落后。面对余额宝的网络基金理财模式引发的行业变革，基金公司也在不断地调整策略，努力跟上最新的行业变革。在当前互联网金融的热潮中，大型基金正在考虑与互联网携手合作，抢先进驻互联网金融平台，即使代价高昂，也在所不惜。

据了解，基金公司想要进驻互联网金融平台需要投入非常大的成本，不仅需要升级原有系统，还需招募专业人才。一家基金公司在初始系统建设投资上需要花费几百万元，每年的运维费用也达百万级别。这种成本对于小型基金公司来说，压力很大。基金公司与互联网金融平台合作，除了较高的系统建设投资外，还必须支付较高的佣金，只有基金公司在平台上的理财产品销售额达到100亿元才能实现盈亏平衡。

从天弘基金与支付宝合作开始，大型的基金公司与拥有庞大用户群的互联网巨头结成联盟，几乎全都登陆了网络平台。在提高综合服务能力的基础上，着力打造一站式服务平台，整合了购物、信用卡还款等服务，增强了用户黏性。不仅如此，一些基金公司开始创建场景服务，嵌入各种应用场景在这个平台上，让投资者享受前所未有的便利，通过与不同服务类型的企业合作，让用户享受到多方位的服务。

对于大型基金公司而言，公司登陆互联网金融平台，虽然前期会投入数百万元，但这种投资在未来会显现出价值，不能简单地用短期损失衡量。对于年盈利数亿元的基金公司，需要花费这种成本为未来发展打下基础。

2. 网络基金理财搅乱金融创新的一池春水

较高的收益率使得大量存款从银行流向了互联网基金理财。如果说余额宝的网络基金理财在基金业看来是一位先行者，那么在银行业看来，余额宝更像是一个搅局者。

据统计，2013年余额宝上线后，当年10月份银行的居民存款减少8967亿，业内普遍认为，余额宝的理财产品收益远远超过银行活期存款利率，大量居民的活期储蓄正从银行流向网络基金。

余额宝推出后，银行不得不面对来自互联网金融的挑战。为了保住存款，他们不得不提高利率，推出新的理财产品。这种自我革命，必然加剧银行业的竞争，迫使银行业进行金融产品的创新和改革。在利率不以市场为导向的环境下，银行业的利润率让其他行业羡慕不已，而当互联网金融席卷全球时，一切都得到了改变。

以基金理财为例，由于以往银行渠道一枝独秀，高佣金吞噬了基金公司的大部分利润。在这种情况下，互联网理财打破了银行在渠道上的垄断局面。

基金公司对客户的态度也发生了变化，不再被动等待而是更为积极主动地出击，只要有用户资源和资金，他们就会通过网络闪现到用户身边。基金公司已经开始建立一个综合服务平台，希望能提高用户的黏性，通过塑造服务场景培养用户的习惯。尽量避免潜在用户的流失。

再回到余额宝本身，阿里巴巴的金融市场扩大到了资产管理行业。无论是从阿里巴巴上市但不包括支付宝，还是京东上市但不包括京东金融，都可以看出这些企业对金融平台的看重，互联网金融行业蕴藏着巨大的潜力。

日新月异的时代，未来难以预测，但可以预见的是，余额宝的网络基金理财模式给金融业带来的变化远未结束。良性竞争将提供给用户更多的选择、更好的消费体验与更体贴、周到的服务。从我国社会经济发展的大角度来看，余额宝的推出使以阿里巴巴为首的民间资本进入金融业，无疑会产生深远的影响。从长远来看，它所带来的效益将超过所有眼下可观的好处。

5.2.2 >> 娱乐宝：众筹型互金理财

2014年3月26日，阿里巴巴推出了一个叫作娱乐宝的平台。通过娱乐宝，用户可投资即将上映的热门影视作品，预期年化收益率为7%，还有机会享受明星见面会等特权。在泛娱乐化的时代，最容易引起年轻人关注的就是电影、音乐、游戏和明星。娱乐宝一经推出就赚足了年轻人的目光。

娱乐宝在第一阶段的项目（图5-4）共筹资7300万元，包括电影《小时代4》《狼图腾》《非法经营》等6个项目。其中，影视剧类的项目投资价格为每股100元，游戏类每股500元，每个用户限购2股。用户可以在娱乐宝的预订页面选择投资项目。数十万人通过娱乐宝参与到投资中来。

图5-4　娱乐宝第一阶段项目

娱乐宝众筹宣传的预热，不仅对尚未开始拍摄的电影进行了大规模的宣传，还将潜在的电影观众转化为投资者，并通过人际传播效应使更多的观众进入电影院观看电影。可以说，这是一箭三雕。

娱乐宝的出现让人们开始重新审视互联网金融投资。从互联网金融理财的角度来看，大多数人都认为娱乐宝是一个众筹融资的互联网金融理财模式。利用互联网进行传播，得到大众的关注和支持，然后获得所需的资金。只要是用户喜欢的项目，就可以通过众筹赞助资金，为更多的小企业或缺乏资金支持的创意人士提供实现梦想的可能性。

娱乐宝的众筹型互金理财模式，既解决了项目的投资问题，也解决了资金的投资渠道问题。这种互联网投资模式值得在我国的土地上推广。

众筹型互金理财必须符合互联网金融的基层属性。考虑到投资者的风险承受能力，最合适的投资上限是每笔投资1000元。在这种情况下，即使投资出现问题，投资者的损失也不大，在可以承受的范围之内。

娱乐宝的出现丰富了阿里巴巴线上数亿用户的投资与文化生活，促进了我国娱乐产业、电影等文化产业的发展。娱乐宝的众筹影视投资彻底颠覆了我国电影的商业模式。随着众筹影视的发展，互联网金融将成为未来电影融资的新渠道。

但是值得投资者警惕的是，这种众筹型互金理财项目也暗藏风险。随着娱乐宝的普及，与娱乐理财产品相关的投资风险引起了人们的关注。需要注意的是，娱乐宝并不保障收益，投资者还需要对风险的突然到来保持警惕。2014年8月底，中国银保监会致函国华人寿，因国华人寿在娱乐宝销售过程中存在虚假宣传和信用低的问题，第三阶段的娱乐宝也转交太平洋人寿保险负责，投资方式不变。

一些业内人士指出，影视领域的投资一直都属于高风险的范畴，不适合基层投资者。电影制作和发行的中后期阶段都存在隐患，演员档期、拍摄场地、进度、广电审核等，一旦出现问题，就会涉及时间成本和经济成本。甚至有些电影不能上映，也没有票房收入。在上映期间，同档期的竞争者、电影院的排片率等都会影响影片的票房。如果投资者打算投资娱乐宝中的影视项目，必须先研究项目本身的风险，并检查项目的风险控制措施是否完备。

5.2.3 ▶▶ 融360：借助互联网金融门户理财

曾获得诺贝尔奖的经济学教授穆罕默德·尤努斯（Muhammad Yunus），1976年带领他的学生前往孟加拉国最贫穷的地区进行调查。出于对这些穷人的同情，尤努斯从口袋里掏出仅有的27美元，免费借给穷人。出人意料的是，这笔钱改变了这些人的生活。

尤努斯觉得他必须为穷人做更多的事情，而不仅仅是教书。他知道个人的能力有限，想说服银行把钱借给穷人。在绝望中，尤努斯决定用自己的信用做担保让银行借钱给穷人。让穷人分期偿还贷款。后来他决定开办自己的银行，为穷人提供长期贷款。这一倡议通过乡村银行得到了更大范围的推广。

尤努斯认为，贫穷不能剥夺人的借贷权利。他认为小额信贷既是一项人权，也是摆脱贫困的一种有效手段。根据穷人的需要，向他们发放数额合适的贷款，教给他们一些基本的理财知识，穷人也要学会管理自己为数不多的资金。由于只对穷人发放贷款，尤努斯的银行被称为"穷人银行"。

尤努斯的穷人银行是小额信贷的始祖，实践表明合法、正规的小额贷款业务能够实现长期、可持续的发展。网贷其实是互联网性质的小额借贷，它对于满足经济弱势群体——低收入和中等收入的工薪阶层、小微企业的借贷需求有着巨大的意义。

不同的平台有不同的经济实力。投资者需要详细了解公司的实力以及网贷所涉及的风险。在购买产品之前，有必要对理财产品进行细致的筛选，筛选出风险因素低、回报率较高的理财产品，就可以实现风险与收益并存的结果。

一般而言，从互联网金融理财产品的角度来看，网络借贷具有固定收益、操作简单、门槛低的特点。网络借贷虽然回报率很高，但它同样具有高风险性。虽然平台数量众多，但不同平台之间的资质差异很大，从表5-2可以看出，一线平台是最安全的平台，但相对回报率最低，四线平台是高风险平台，回报率与违法的民间高利贷差不多，投资者必须高度警惕，爆雷的平台大都属于四线平台。

表5-2　不同等级平台的收益

不同平台	收益区间
一线平台	8%～12%
二线平台	13%～15%
三线平台	15%～120%
四线平台	超过20%

然而，收益总是与风险并存的。所以投资者必须用睿智的头脑，选择一个可靠的平台来投资。融360就是一个安全级别较高的智能搜索+网贷平台。

融360是一个金融搜索平台，也可以为个人消费者、个体工商户以及小微企业提供借贷服务。融360创立于2011年10月，在2017年11月正式宣布上市，是金融行业的垂直搜索平台，用户群数量庞大。

互联网金融理财总少不了是否可靠的质疑。事实上融360的贷款是非常可靠的。用户可以通过融360的智能搜索引擎匹配一站式的操作，简化了申请贷款的程序，方便用户操作，安全有效，最重要的是利率低。该平台致力于为个人用户和小微企业提供免费的借贷咨询，以及便捷可靠的贷款建议。融360中的理财产品种类齐全，产品类型涵盖了大型国有银行、外资银行、股份制银行、城市银行等正规的金融机构。

业务领域包括住房与购车贷款、企业经营贷款、消费贷款。应用大数据技术，解决贷款过程中信息不对称的问题，还可以智能对比金融产品，大大提高了用户的信息搜集效率。融360的智能搜索能帮助用户筛选出最符合自己需求的理财产品，然后直接点击提交借贷申请即可，如图5-5所示。

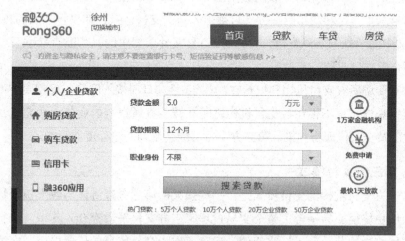

图5-5 融360 搜索贷款主页

> 薛先生是一家装修公司的小老板，企业规模不大，流动资金较少。到了工程款的支付期，但一时之间资金的周转都出现了问题。薛先生说："我这种微型企业对于资金量的需求不大但特别急，怎样找到放款快的银行就是我最关心的。"通过融360，薛先生找到了放贷最快的银行。节省了大量的时间成本。

在未来，借助互联网金融门户理财将成为金融业发展的大势所趋。各类金融机构与想要购买理财产品的用户都可以借助融360这样的搜索引擎、借贷平台创造更大的价值。

5.2.4 ▶▶ 第三方支付：利于缓解自身资金压力

互联网金融理财的第四种理财模式是第三方支付。第三方支付是一种新型的支付机制，由第三方机构与银行合作，向用户提供资金转移的交易支持工具和平台。

1. 第三方支付的现状

从2010年开始，我国第三方支付市场成交量年均增长率保持50%以上的高速增长，已成为全球领先的互联网金融工具。2018年，是第三方支付在我国经济市场上的第八年，在2018年第三方支付被引入新的支付体系，如央行下发的296号和242号文中的"规范条码支付，"还有281号文件中要求的，切断直接联系，规范互联网金融支付业务。

央行要求所有支付机构和银行在2018年6月30日前接入网络。反复要求不得直接与银行相连，也不得在各支付机构之间互转。直通银行的业务无法完成，网联和银联的黄金时代即将到来。第三方支付可能会受到一定程度的影响。

2. 第三方支付模式

第三方支付机构的支付模式是：一些强大的第三方经济体与各大银行签订合同，向用户提供交易平台，整个交易过程第三方支付平台都介入其中。银行和第三方支付机构的劳动分工是明确的。运营商作为交易信息的传递渠道，向第三方机构和银行发出行动指令，银行作为资金的提供者，在收到指令后要保证资金的及时支付，而第三方支付平台充当中间媒介，负责跟进整个流程，确保交易顺利完成。这种商业模式对平台的运营商在推广能力、技术研发能力、资本运营能力等方面有很高的要求。

总的来看，我国主流的第三方支付平台，包括支付宝、网银和其他第三方支付。支付宝是年轻群体最青睐的第三方支付工具，主要提供支付和金融服务，包括网上支付、转账、信用卡还款、充值服务、生活费用的支付以及个人投资理财等多个领域。除了移动支付领域，支付宝为零售百货、电影院、出租车等多个行业提供相关联的服务。

网银即网上银行，它的主体是银行，银行利用互联网技术为客户提供注册、查询、对账、转账、贷款、证券交易、投资理财等服务。用户无须亲至银行柜台就可以管理自己的资产，更加安全和方便。网银是互联网上的一个虚拟柜台，用户数量相对较大的。

其他第三方支付工具如财付通等，提供移动支付、跨境结算、转账等多种在线支付方式。在2018年第三方支付迎来了新的挑战，政府对第三方支付的监管力度正在加大。

第三方支付方便了人们的消费生活，让人们足不出户就可以购物，即使需要出门也无须携带现金。它们带来的便捷远不止这些，第三方支付还有利于缓解自身的资金压力。

相信很多喜欢网上购物的年轻白领都知道蚂蚁花呗和借呗。当资金周转不开时，用户可以从蚂蚁借呗申请贷款。支付宝中的蚂蚁花呗则更像互联网上的信用卡，遵循"先购物，后付账"的原则，为大多数年轻消费者提供了购物的新选择。借呗和花呗都能缓解用户自身的经济压力，深受大众的喜爱。对于那些可能需要超前消费、分期消费的用户而言，花呗是除信用卡外，缓解资金压力的另一种方式。

蚂蚁花呗（图5-6）由支付宝在2014年12月27日推出。它本质上是一种带有消费场景的个人消费信贷，提供一项网上购物服务，花呗给用户一定的信用额度，用户可以先购物后还款。包括三种业务类型：账单未分期、账单分期与交易分期。商业模式类似于信用卡。截至2017年6月，花呗发放的消费信贷总额达992.09亿。

图5-6　蚂蚁花呗界面

虽说功能与信用卡类似，但蚂蚁花呗却具有信用卡没有的优势。一般的信用卡都需要年费，花呗却免除了年费这一费用。使用花呗消费将自有资金储蓄于余额宝中已经成为大多数年轻人的消费习惯，花呗不仅缓解了自身资金压力，还促进了社会经济的繁荣。

事实上，近年来，国家一直在鼓励互联网金融业在消费信贷上的创新。在监管机构的大力支持下，消费信贷的发展非常迅速，为广大中低收入人群提供借贷服务。其实社会上大多数人都是中低收入者，只有少数才能算作富人。所以，消费最多的不是富人，而是占大部分比例的基层人群。因此，以蚂蚁花呗为代表的消费信贷的发展在一定程度上提高了基层人群的购买力，实际上是在促进社会消费。

蚂蚁花呗具有互联网金融理财的属性，但它又比许多金融产品更加方便快捷。据统计，60%的蚂蚁花呗用户在使用蚂蚁花呗之前没有使用过借贷产品。你还在想买东西但又为手头的资金短缺而担心吗？熟练使用第三方支付的借贷功能，可以像信用卡一样缓解自身的资金压力。

5.3　如何通过主流互金平台让生活更轻松

无形之间，互联网金融成为大众投资理财的新途径。在这种更安全、更便捷的财务管理模式下，从投资中获利不再是一个问题。然而，许多人没有任何互联网金融理财的经验。面对数量众多、种类繁杂的互联网金融平台，不知道如何选择。

选择一个主流的互联网金融平台是财务管理的关键。平台的盈利取决于投资用户的交易量，交易的安全性取决于互金平台的合规性。一个合规的主流互金平台可以为投资者提供稳健的收益，并在此基础上有效提高其产品的盈利能力。

5.3.1 ▶▶ 京东白条、蚂蚁花呗让购物更轻松

随着居民人均购买力的增强，如今，消费金融已经成为各大金融平台竞争的焦点。无论是电子商务平台还是传统的银行等金融机构，都在争夺消费金融这块大蛋糕。2019中国消费金融年度报告数据显示，截至2019年9月末，我国消费贷款高达13.34万亿元，消费贷款规模保持高速增长的状态。如此庞大的市场规模注定是每个金融机构的抢夺目标。

互联网金融平台,如今正成为消费金融领域的一支新生力量。下文将重点介绍主流互金平台的两大派系:一是京东金融旗下的白条派系;一个是蚂蚁金服旗下的蚂蚁花呗派系。

1. 京东金融旗下的白条派系(图5-7)

图5-7 京东白条

京东白条在过去几年发展速度相对较快,它不局限于京东商城的信贷消费,还扩展到租赁、旅游、教育等领域,并逐渐构建更多的服务场景。

2015年京东白条与银行联合推出"小白卡"信用卡,与此同时还将消费场景从国内向国外拓展。京东白条依托自身的大数据构建信用体系,向有现金需求的用户提供现金借贷产品,开始了对消费金融市场的全面布局。

站在用户的角度来看,京东白条通过京东全方位的电子商务系统拥有了庞大的用户群,这是许多其他互联网金融平台无可比拟的,可以更容易地进入消费金融领域。

京东白条的使用方法也非常简单,进行线上消费时与使用储蓄卡和信用卡的方法一样。不同的是,京东白条不能用来购买京东商城内的所有商品,一般情况下只有京东的自营商品可以打白条。在一些商品中,打白条分期付款可以享受无息服务,帮用户节省很多的贷款利息。还有一个使用京东白条的小技巧,是在购物前,到京东金融页面领取免息券或减免利息的优惠券再进行借贷消费。

2. 蚂蚁金服旗下的蚂蚁花呗派系（图5-8）

图5-8　蚂蚁花呗

与京东白条的快速增长相比，蚂蚁花呗也毫不逊色。2016年，它们对医疗消费发起了猛攻。在阿里巴巴自己的电商部门淘宝、天猫的帮助下，花呗积累起了比京东白条更为庞大的用户基础。这也是蚂蚁花呗和京东白条能成为主流互金平台两大巨头的根本原因。一则，有足够庞大的用户量做基础；二则，在线消费场景强大。

在财务实力上，花呗依靠支付宝，比其他金融平台拥有更强大的财务实力。无论是品牌实力还是用户信任度，花呗一出生就是一个"富二代"，具有其他互金平台所不具备的诸多优势。

从大数据的角度来看，花呗以支付宝的数据为基础，依靠芝麻信用，对用户的消费习惯和诚信度都有比较好的把控。

从消费金融的发展现状来看，蚂蚁花呗和京东白条是消费金融领域的两大巨头，也是彼此最为强劲的竞争对手。目前，京东白条在分期付款率、滞纳金和免息期方面比花呗更具优势。但蚂蚁花呗在品牌认知和用户基础上更胜一筹。虽然京东白条和蚂蚁花呗都有自己的主战场，京东商城和天猫商城不会有正面冲突，但有朝一日在其他更多的消费场景中，二者之间的高手过招将无法避免。

实际上，消费金融的开端仍然是银行机构。互金平台上的消费金融就是简单地将信用卡和借贷转移到了互联网上。在互联网消费金融飞速发展的今天，传统的银行信贷和信用卡消费仍然占据着消费金融的大部分。

将消费金融推向高潮的是互联网。通过互联网的力量，许多互金平台开始开发自己的在线消费金融。银行垄断的局面一去不复返，利用互联网的力量，更多的企业家有了进军消费金融的机会。首先就是以京东白条、蚂蚁花呗等电商为代表的消费金融平台的出现，但由于这种消费金融侵害了银行的利益，以银行为代表的传统消费金融也开始一次次的反击。

多家银行整合个人信贷消费贷款业务，实现了电子商务与金融服务的深度融合，许多传统金融机构也建立了自己的在线消费金融平台。

从这个角度看，未来的消费金融将是线上与线下结合。银行缺乏在线消费场景，消费金融平台也离不开银行的支持。两者的结合将使消费金融市场的蛋糕做得更大，这种良性的竞争与结合将使我们的购物消费更加轻松。

5.3.2 ❯❯❯ 网络借贷，这样还款利息最低

当很多人在互联网金融平台借贷的时候，可能还不知道借贷的具体条款，昏头昏脑地就借款了。等到开始还款时吓出了一身冷汗，利息居然这么高！事实上，网络借贷不同的还款模式的利息计算方法不同。下文将介绍四种还款方式，帮助借贷人选择利息最低的还款方式合理还款，避免借贷人背负沉重的利息枷锁（如图5-9）。

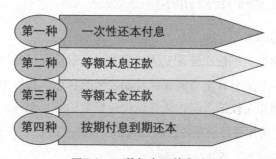

图5-9　四种低息还款方式

1. 一次性还本付息

一次性还本付息还款形式的规定是，如果贷款期限少于一年（包括一年），本金和利息需要在到期日偿还。不过，互联网金融平台对这种还款方式的批准会

更严格，一般只对小额短期借贷者开放这种一次性还本付息的还款方式。这种还款方式在理论上比较简单，利息也很低，但并不常见。

需要注意的是，这种方法很容易使贷款人缺乏还款压力，自我规划能力差的借贷人可能会逾期还款使信用遭受损害。对于这种类型还款方式的贷款，借贷人最好提前提醒自己制定还款规划，以免在到期日没有足够的偿还资金。

2. 等额本息还款

这是网络借贷中最常见的还款方式，也是银行推荐的还款方式。借贷人每月按等额偿还贷款的本金和利息，即（贷款本金总额＋利息总额）÷还款月数＝每月的还款数额。

> 例如，某蚂蚁花呗用户，花呗账单消费了2100元，分三个月还款，利息的费用是30元，该用户每个月应该还款710元，其中包括700元的本金加每月10元的利息。其计算过程如下：
>
> （2100元＋30元）÷3＝710元

使用这种还款方式，每月偿还同样的金额，还款压力较小，操作方便。等额本息还款方式适合有稳定收入的借贷人。但事实上这种还款方式利息不会随着本金的返还而减少，占用资金耗时较长，还款利息高于一次性还本付息。但是目前的大多数主流网络借贷平台都采用的这种还款的方式。

3. 等额本金还款

这也是互联网金融平台比较常见的还款方式。借贷人每月偿还一定比例的本金，并支付在前一个交易日至当前还款日期之间的利息。总的来看，这种还款方式的利息支出总额相对较低，但在刚开始偿还贷款的前几个月，支付的本金和利息较多，属于还款负担逐月递减的还款方式。

> 例如，A某在一个互联网借贷平台借款20000元，利率12%，还款期限为1年，使用这种还款方式，需要偿还的每月固定本金为1166.67元，利息随着贷款本金的逐步减少而降低。
>
> 以第一个月为例，需要偿还的利息是：20000元×12%÷12＝200元

> 第二个月需要偿还的利息就变为：（20000元－1666.67元）× 12%÷12≈183.33元

4. 按期付息到期还本

按期付息，到期还本的还款方式是借贷人与平台协商设立不同的还款时间点。可以按月、按季度或者以年为间隔偿还贷款。

事实上，这种还款方式的借款方可以根据自己的财务状况，选择在几个月的时间里，凑齐要还贷款的钱。但是并不是所有网络借贷平台都有这种类型的还款方式。按期付息、到期还本的还款方式适用于收入不稳定的人群。

除了以上四种还款方式外，不同的网络借贷平台还有不同的还款方式，借贷人可以根据自己的具体情况来选择还款方式。总的来看，一次性偿还本息是利息最低的还款方式，利息的多少与本金和还款期限有关，本金相同的情况下，还款期限越短偿还的利息就越少。因此，借贷人在有能力还款的情况下最好尽快还清贷款，在进行借贷的时候要维护好自己的信用，按时还贷，绝对不能逾期不还。

第 6 章

» 高风险与高回报并存的股票投资

不要懵懵懂懂地随意买股票,要在投资前扎实地做一些功课,才能成功!

——(美国)威廉·欧奈尔

如今，股票已经进入了普通老百姓的家庭，股票投资时间短，利润高，成为投资界的天之骄子，受到广大投资者的喜爱。但股市瞬息万变，股票投资风险较大，这就要求股票投资者具有较高的风险承受能力和良好的投资思维能力。

股市阴晴不定，投资者应时时小心，处处谨慎，理性对待股票。尤其是刚开始接触股票的投资者，常常会感到眼花缭乱。对于股票投资来说，选择好股票是至关重要的。但在进入股市前首先要调整好自己的心态，建立属于自己的股票投资思维框架，并学习一些选择股票的策略。注意：投资有风险、炒股需谨慎。本章内容不作为投资决策依据。

6.1 玩转股票投资的前提是平稳心态

股票投资最讲究耐心和策略，很多人把股票投资叫作炒股，"炒"字翻来覆去，给人感觉股票投资像一种投机行为，但事实绝不是如此。用盲目的投机心态参与股票投资，即使一时获得了收益也只是侥幸而已，不会长久。盲目投资九死一生，炒股的股民，最终也会被股市变成热锅上的蚂蚁。

投资股票市场，最重要的是投资者的心态和策略，股民的投资心态决定了投资行为。下文简要讨论什么样性格的人才适合炒股，进行股票投资时应该先练就的心态以及股市开户、买卖的基本流程。

6.1.1 >> 什么样性格的人才适合炒股

社会上的人性格迥异，思维习惯、爱好、能力都不一样，并不是任何人都能从股市投资中获利。那么，什么样性格的人才适合炒股呢？

有人说×××很聪明，他炒股一定行。事实上，聪明的人不代表全能，正如文学创作和体育竞技需要天赋，股票投资也需要一些灵感。有些投资者谈起股市头头是道，但纸上谈兵终究无济于事。股票投资说起来简单，实际操作却不是理论上那么简单。据说美国人做了一个实验，让股票专家和一只黑猩猩挑选几只股票，结果一段时间后，专家选择的股票还不如黑猩猩选择的股票的涨势好。因此，股票投资也需要灵感，就像打游戏需要手感，股票投资这种"灵感"也是在实践中逐渐培养的，需要逐渐总结经验。那些不善于实践学习的人不能成为股票市场的成功者。

但从性格上看，冷静、从容、果敢的人更容易在股市上成功。有些人个性容易激动，高兴的时候兴高采烈，不高兴的时候萎靡不振。这样的人可能会在股市上取得一时的好成绩，但这种成功很难持续下去。有些人优柔寡断，拿不定主意，这样的人经常错过最佳战机，很难取胜。也有一些股民没有自己的观点，总是喜欢随大流，根据别人的意见来做，这种人严格来说不是在做股票投资，而是别人在替他投资股票。还有一种人是自成体系的，不听别人的意见，一味地坚持自己的想法，不撞南墙不回头，这样的人难免碰壁。

除了自身的性格特点外，外界的影响也很重要，投资者要保持一个平和的心理状态，不要有太多的心理负担。个人或家庭有意外发生，工作或婚姻处于危机等都会对个人心态造成大的影响，产生负面影响。如果遇到这种情况，最好不要投资股票市场，静心等待事情过去后再重新投入股票市场。

股民不能过于看重金钱，在股市要保持平常心，虽说不必视钱财为粪土，也要清楚地认识到钱不过是身外之物。特别是工薪阶级的股票投资者，将辛苦赚来的钱投入了股市，希望得到好的回报，一旦投资失败造成的打击是巨大的。因此，建议普通投资者不要轻易进入股市。

《史记》中有一个关于范蠡的故事。据说范蠡在帮助越王勾践击败了吴国后，便离开了朝堂去山东经商，发了大财。有一次，他的次子在另一个国家触犯了法律被判处死刑，他派他的小儿子带上钱财去营救次子。长子知道了这件事自告奋勇要去救弟弟，他找到皇帝的一个重臣，许诺重臣千金的报答，请他去帮忙救出自己的弟弟。这位重臣向皇帝说了些好话，皇帝便下令赦免了范蠡次子的死罪。长子知道弟弟的死罪被赦免了，又舍不得那些钱财，违背了对重臣许下的承诺，重臣一怒之下进宫去见皇帝说了些坏话，皇帝下令杀死了范蠡的次子。

长子悔恨万分地回到了家，范蠡说："我早知道你这件事办不成，你弟弟从小是在糖罐里长大的，对金钱并不看重，所以他一定能救回老二。而你从小和我吃了不少苦头，知道钱都是辛苦挣来的，所以你不愿意放弃这些身外之物，最终害了你二弟的性命。"

这个故事说明了不同的人对金钱的不同态度。据报道，1994年，南京有个人在上海股市买了8000多元的股票。正逢股市大涨，当股市涨到1000多点时，他转手卖了股票，赚了1万多元。这个人高兴得如同范进中举般痴笑不止，结果变成了一个傻瓜。这虽然是一个极端的例子，但它也表明，如果投资者打算进入股票市场，必须提前做好足够的心理准备，不要因为一时的损失或收益而激动不已。当然，这种波澜不惊的投资心理是通过丰富的投资经验逐步培养起来的，所以在最开始的时候，投资者可以少投资一些钱，然后在适应之后逐渐增加投资额。不要因为投资太多而造成无法承受的后果。

6.1.2 >>> 进行股票投资时应先练就的心态

如果股票交易是股票投资的外部工作，那么投资者的心态就是股票投资的内部工作。一个好的投资心态可以帮助股票投资者建立起一个适应当前市场情况的交易系统，可以让投资者更准确地判断市场情况，提高股票投资的成功率。故此，投资股票前应该先培养良好的交易心态，以平常的心态看待股票市场的变化。在股票投资中，心态到底有多重要，我们不妨先看一看下文中的两个例子。

> 第一个故事的主人公A某是一位40多岁的部门负责人，也是股票市场的资深老手，有10年的股票投资经验，他会每天盯着股市的波动看很长时间。然而，由于他过于关注股票市场的短期波动，直接影响了他的日常生活。股市波动较大的时候，他会每天都把自己关在办公室里。每天匆匆地完成工作后，就全身心地投入股票市场的投资，偶尔走进他的办公室，会发现遍地都是烟头，他的脾气也变得暴躁易怒，越来越差。
>
> 一些同事说，A某把全部的资金都投入到了股市，手头基本没有余钱，一旦遇到一个稍微大一点的开支，必须卖掉一部分股票来解决。A某完全被股市绑架了。一年后，A某卖掉了房子把钱投入了股市，又过了一段时间由于工作上的无所作为，A某失去了管理职位。再后来，妻子不堪忍受他的疯狂炒股，带着孩子离开了他。股市不但没有让他获得财务自由，反而变得一无所有。

肯定会有投资者认为这个例子太极端了，不可能发生在你我的身上。然而，现实生活中因为股票投资失败，倾家荡产甚至跳楼的投资者不在少数，由于股票的损失影响到工作、家庭正常生活的例子比比皆是。通过这个案例，投资者应该练就以下心态，如图6-1所示。

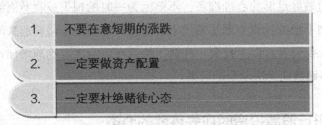

图6-1　股票投资心态

1. 不要在意短期的涨跌

如果投资者太在意短期的涨跌，会直接影响在股市上的交易操作。增加投资者买入和卖出的操作频率，一直"追涨杀跌"，最终得到负回报。如果投资者的心态控制得不好，每次股市的起起落落都会让投资者如临大敌，长期处于这种精神压力之下会影响投资者的心理和身体。应该尽量少看，把更多的精力放在日常的工作上，多与家人交流感情，在压力大时出去走一走。你可能会意外地发现，不看盘时获得的收益竟然远远大于日常盯盘时的收益。

2. 一定要做资产配置

不要把所有的钱都投入股票市场。有必要留下足够3个月基本开支的余额，存入银行的活期储蓄或支付宝内，以备不时之需。不能每次花销都依靠股票交易。股票已经上涨后卖出还比较方便，如果一旦被套牢了，强迫出售会让投资者的心态变得更坏，这将导致投资者做出不理智的交易行为，变成一个恶性循环。

3. 一定要杜绝赌徒心态

股票市场的投资者一定要杜绝赌徒的投机心态，不能有依靠股票交易一夜暴富的心态。如果不是专业投资者，建议千万不要利用杠杆股票（以借款方式取得资金来购买股票）。因为杠杆股票的心态与赌徒的心态相差无几，想的就是赢了钱就跑。但是一旦购入的股票下跌，投资者所要承受的心理压力是常人无法想象的。

第二个故事是关于B某的故事。2017年，B某在股市的投资获得了成功。亲戚朋友见状请B某为他们出谋划策。但是一段时间后，亲戚朋友的收益还是没有B某的高。原因是什么？B某认真地进行了分析。他绝对不是不希望亲戚朋友赚钱。基本上，B某买的股票与亲戚朋友购买的股票都一样，但回报率却没有B某自己的账户高。其实原因很简单，经营他人的股票总有怕亏钱的心态。股票上涨了1倍，害怕它会下跌急急忙忙地就卖出了。而自己的想着再观望一下，亏一点也不要紧，结果又上涨了。B某与亲戚朋友的账户在6月份清盘撤回，B某的收益还是比亲戚朋友高。这个案例表明，同一个人经营的股票在不同的心理压力下会做出不同的决定，从而导致不同的后果。

心理学家基于行为金融学理论，对大量的情绪投资行为进行研究，并得出结论：负面情绪会影响投资者的判断。调查显示如图6-2所示。

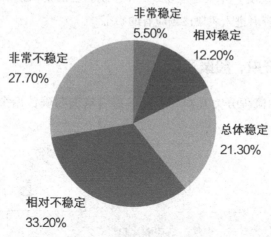

图6-2　股票投资者心态调查

股票被套牢时，大多数散户投资者都无法很好地掌控自己的情绪。换句话说，大多数散户投资者陷入投资困境时，情绪管理能力差。其中，情绪管理能力好的散户投资者仅占参与者总数的5.5%；情绪管理能力较好的散户投资者占参与者总数的12.2%；情绪管理一般的占参与者总数的21.3%；情绪管理能力较差的占参与者总数的33.2%；情绪管理能力差的散户投资者占参与者总数的27.7%。深入分析情绪管理能力与投资者股票投资收益之间的关系，发现情绪管理能力与股票收益之间存在正相关关系。换句话说，在面临投资困境时，投资者的情绪控制力越强，股票收益也就越好。

综上所述，我们可以得出以下结论，良好的心态才能帮助股票投资者赚到多的钱，坏的心态百害而无一利，还会导致投资者的亏损。股票投资的心态哲学总结起来就八个字：简单、放手、无为、无畏。

简单是指投资者需要一个简单的想法，无须考虑得太复杂，也不用面面俱到，普通投资者，只是简单地做，往往就有好的结果。放手，就是放下股票市场的起起落落的想法，用平和的投资心态去做股票投资。无为，源于道家无为的思想，不知道该做什么的时候就什么也不做，减少操作，甚至不操作。无畏，就是当别人害怕时，不要害怕，因为股价所谓波动也意味着机会的来临。

股票交易也可以看作一种心性的修行。在股市起起落落中，人性的贪婪与恐惧经常被反映出来。克服这些弱点，努力学习并在实践中把握股票市场的规则，保持积极和乐观的态度，并最终建立起一个平衡自己的情绪控制与股票买卖的操作体系，是所有投资者进入股票市场应有的心态。

6.1.3 >> 股市开户，股票买卖流程

股票买卖基本流程分为开户、委托、撮合成交与确认四个步骤，如图6-3所示。

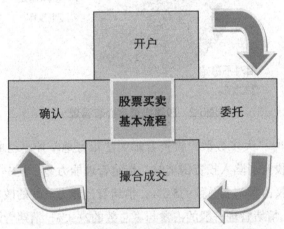

图6-3 股票买卖基本流程

1. 开户

这是股票买卖基本流程中的第一步。所谓开户是指股票投资者在证券公司开设存放股票和投资资金的账户，方便股票的买卖。股票投资者携带个人身份证件和银行存折，按照规定填写申请开户的表格（个人信息等内容），并缴纳一定的开户费用，领取自己的股票投资账户卡。

账户卡上有一个股东代码，这是股市投资者进入股票市场进行交易行为的唯一凭证。它将准确记录户主的进、出股票的数量和存量，也是进行股票交易的基础。股票投资者在办理股票转让、保管、报失或者提取现金时，必须出示自己的账户卡；想要查询账户上的股份数量或者交易记录时，账户卡也是必须出示的凭证。

在办理好账户卡之后，投资者就可以按照地理位置及服务质量等因素选择开户的证券公司。在证券公司，股东应当与证券公司签订股票代理合同，明确双方在股票代理交易过程中的权利、责任和义务。

2. 委托

这是股票买卖基本流程中的第二步。在委托过程中，股票投资者需要向证券公司出示身份证，以证明其身份。同时，还必须出示账户卡，填写股票交易委托书。在委托书中，股票投资者需要填写身份证号、股东代码、股票代码以及买卖股票数量等信息，在委托书上签上自己的姓名，然后提交给证券公司。

股票投资者购买股票时，证券公司的工作人员将对投资者股票账户中的资金情况进行核实。如果资金不足，证券公司会拒绝投资者的委托；如果核实无误，证券公司会接受委托，并向投资者提交加盖印章的一联委托单，作为确认委托或查询的依据。

3. 撮合成交

证券公司在接受了投资者的委托后，会通过专线联系驻交易厅的公司代表，或通过更先进的互联网系统直接将投资者的委托内容及与证券交易所的自动匹配系统竞价。证券交易所的交易系统将按照时间优先、价格优先的原则处理合格的委托。这个过程就是撮合成交。股票交易完成后，交易所将交易记录回传给证券公司，再由证券公司通知股票投资者在指定的交易日确认交易的相关事项。

4. 确认

这是股票买卖流程的最后一个步骤。投资者的委托在一定期限内未能成交的，视为委托自动失效。如某股票投资者想购买股票A，报价是10元，但当天A股票的最低交易价格超过了投资者的报价，股东不能购买股票A，当股市收盘后，该投资者的委托将自动失效。

投资者的委托一旦完成，要进行交割和过户。交割的过程是股票交易结算的过程，也就是说，买方购买股票提供资金，卖方出售股票，并记录变动后的股票和资金账户。转让是指购买股票的投资者变更股东姓名的程序，购买股票的原股东的姓名被买方姓名代替。上海的上交所和深圳的深交所，股票市场都实行无纸化交易，当交易完成后，股票的转让程序会由交易系统自动完成，不需要股东来处理。

股票投资者只需在指定交割日向证券公司索要交易数据和交易的票据，即可确认股票是否符合自己的委托、交易数据是否正确。如果交易的股票数据与委托不符，投资者应立即与证券公司协商。如果不及时协商，视为默认交易符合自己的委托，未来也无法追究证券公司的责任。

以上是股市买卖的基本流程。开户成功后，投资者可以进行股票交易。然而，在投资过程中，还有很多其他需要投资者关注的问题，比如如何选择股票、股票的买卖方式等。建议股票投资者在进入股票市场之前要多学习股市知识，对股票投资有更多的了解。

6.2 建立属于自己的股票投资思维框架

许多人认为投资股票市场像是一场赌博，或者是一种高专业性的技术活。事实上，无论是赌博还是技术活，如果想做得好，必须有一个清晰的思维框架。即使没有好的进攻位置，只要有好的防守，也会让人有扭转局势的机会。在电影《赌神》的扑克赌博游戏中，最厉害的赌神也并不是每一次都能拿到好牌，而是对如何出牌有自己的逻辑和策略。股票投资也是如此，建立起属于自己的股票投资思维框架，对投资股票有很大的帮助。

6.2.1 >>> 如何利用巴菲特的价值投资选出一只潜力股

> 2018年,股神巴菲特投资了印度最大的一家移动公司。据知情人士的透露,Berkshire Hathaway(伯克希尔哈撒韦,巴菲特的公司)数月来一直在讨论一项约250亿卢比(约合3.6亿美元)的投资。印度报纸最先报道了这项投资的消息。这标志着伯克希尔哈撒韦公司对印度公司的首次投资。
>
> 巴菲特此前曾谈到他看好印度,2017年他在接受一家当地电视频道的采访时说,印度作为一个市场具有"不可思议"的潜力。"如果你告诉我,印度有一家很棒的公司可能会出售,我明天就会去那里。"

巴菲特为何不投资发达国家的公司反而关注发展中的印度市场?这是因为巴菲特自有一套投资思维框架。他的股票投资都遵循自己的价值投资原则,如图6-4所示。

巴菲特的价值投资原则
第一法则:竞争优势原则
第二法则:现金流量原则
第三法则:"市场先生"原则
第四法则:安全边际原则
第五法则:集中投资原则
第六法则:长期持有原则

图6-4 巴菲特的价值投资原则

巴菲特的价值投资的理论依据是:股票价格低于价值的临时偏差总是存在,市场最终也会认识到这种偏差的存在,这会导致股票的市场价格上升,反映股票的内在价值,带来了价值投资的机会。市场越不好,偏差越大。偏差的程度越大的,在未来会有更大的利润空间。

巴菲特作为股神,超出常人之处不是深入理解股票这种虚拟经济,而是将股票视为普通的商品,在巴菲特的眼中股票与市场上的面包、蔬菜没有根本上的不同。这使他容易将日常的成功经验运用到股票投资：即不管你买的是什么，也不管价格是否与商品价值相适应；当价格下跌时，可以购买更多的东西。购买股票与购买折扣家电并没有太大的区别。只要投资者有耐心，就有机会购买到既便宜又好的东西。

巴菲特价值投资的精髓是如此简单明了，贴近民生。不幸的是，大多数人到了股市上都很难遵守这种简单的投资原则。当市场高涨时，投资者总是习惯于等一等，再等一等，观望股票是否还能上升。一旦股票停止上升，投资者自然会产生损失。

这并非一个特例，大量的股市数据也证明，巴菲特的价值投资长期回报率是最好的。这不仅适用于巴菲特在美国市场的投资，而且对我国的普通投资者同样适用。只要遵守这一投资原则，选对目标，从长远来看，价格至少会达到或超过购买时的价值。

目前，我国的宏观经济总体稳定。整体增长速度没有太大的变化，各种经济指标相对稳定。在经济政策上，宏观政策将逐渐明晰，货币政策逐步放松，并将实施积极的财政政策，增加市场经济的增长率，提高投资者对金融市场的信心。在A股市场回归价值投资后，为投资者提供了投资机会，建议投资者谨慎研究，抓住一些高质量的股票。

巴菲特说："当我购买股票时，我将考虑整个公司的情况，再决定是否投资。就像逛商场，看遍所有的商品再决定是否购买。"他的意思是，股票投资，必须通过对公司的基础研究获得良好的投资机会。具体而言，股票投资者可以通过以下步骤挑选出一只价值股。

技术投资者通常根据图表决定股票的买入和卖出，他们能够在股票价格下跌前卖出。但是这种投资策略所需的知识和远见不是大多数人能具有的。价值投资者倾向于买当前市场上市盈率最低的。购入价格相对于回报越低，未来的收益就会越高。

尽管以市盈率作为选股的依据饱受诟病，但购买低市盈率股票投资策略不管是牛市还是熊市都适用。无论是在学术领域还是商战混乱的华尔街，购买下跌股票可以收获成功的投资，已经成为业界共识。

对上市公司的市盈率进行比较，拟定一份名单，针对名单中的对象逐个研究这些股票是否真的有上升的潜力。首先要研究资产负债表，它相当于一家公司的病历，准确地描述了公司的现金流与财务状况。

分析资产负债情况（表6-1）的主要目的是了解该公司是否有严重问题。而评估公司总资产、负债和营运资本的变化趋势，也可以得到有价值的信息，从而判断公司的财务状况是否健康，其前景是否光明。此外，比较不同公司之间的杠杆比率，也可以探知公司的竞争地位与抵御市场风险的能力。

表6-1 某公司资产负债情况示例

资产	年初数	年末数	负债所有者权益	年初数	年末数
流动资产			流动负债		
货币资金	67500	57200	短期借款	20000	23600
应收账款	73500		应付账款	22500	22600
存货	63000	138200	应缴税费	5500	16500
待摊费用	26000	29500	流动负债合计	48000	62700
流动资产合计	230000		长期负债		
固定资产			长期借款	180000	350000
固定资产原价	450200		所有者权益		
减：累计折旧	65200	73200	实收资本	315000	315000
固定资产净值	385000		盈余公积	72000	
			所有者权益合计	387000	
资产合计	615000		负债所有者权益合计	615000	

如果公司拥有一个坚实的经济基础，下一步就要是检查它的损益表。分析损益表的收入增长率，了解公司发展业务的水平。再看一下损益表的成本，计算每股收益用来评估股票价格。最有说服力的是损益表的趋势指标：能够说明5~10年内公司的收入是增长还是下降，收入是否有周期性等问题。

事实上，长期盈利通过投资者短线操作是很难实现的。短线操作的最大特点是收益的大波动性，可能在某个时间段获得巨额利润，不幸的时候也可能亏得一无所有。股市如同龟兔赛跑，最后获胜的是稳健者。对于关注长期增值的投资者，如果投资组合结构是合理的，临时的市场波动不必担心，也不足以招致灾难。实现盈利只是时间问题。

股票市场的正常状态就是价格浮浮沉沉的变化，在许多情况下，这些价值的波动会让心态不稳定的投资者惶惶不可终日。人性的弱点驱使投资者想跟上市场的趋势，但这几乎不可能实现。市场永远难以捉摸，价值投资需要超脱的心态，抵制内心的不安和躁动，坚持放长线，将收益交给时间。巴菲特的价值投资不适合希冀股票快速增长的投资者。同时，需要提醒股票投资者的是，股票市场上迅速破产的机会与迅速升值的机会总是相等的。价值投资是一个更稳定的投资方式。当投资者在追求长期投资收益最大化，就会对股市短期的跌宕起伏淡然处之。

6.2.2 >> 建立属于自己的股票投资思维框架

思想决定行为。参与股票投资，如果思想认识不达到一定高度，那么投资股票市场确实是一场豪赌。没有投资的思维框架，盲目投资，不会取得很好的效果。但是如果投资者先在思想上构建起投资的逻辑思维框架，它将帮助投资人看到最根本的问题，帮助投资人更好地践行正确的投资原则。先介绍下文中的两个例子供大家思考。

案例一：如何评价贵州茅台这只股票？如图6-5所示。

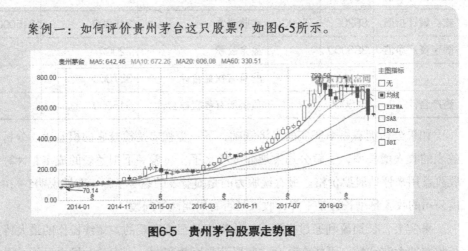

图6-5　贵州茅台股票走势图

股民甲："这只股上涨的真好！"

股民乙："这是一只长期慢牛股。"

如果你是投资者，你会选择买入贵州茅台这只股票吗？

股民丙："我认为应该从三个角度来分析：第一个贵州茅台的股票确实有价值；第二现阶段股票的上涨态势确实很好，是一个长期而缓慢上涨的趋势；第三购买有价值的慢上涨股票并不意味着它不会赔钱。因为即使是最好的股票也有下降的时候，公司应该在价值很低的时候买入，等估值上升到高水平时再卖出。股票下跌时当人们往往不愿意购买，他们会等到上升时再购入。有些人看重股票过去的价值，有些人关注当前的趋势，还有些人看好股票未来的估值，如何选择是仁者见仁智者见智。"

股民甲和股民乙是普通投资者的回答，股民丙则是少数深思熟虑的投资者的答案，他先是建立起自己的一个投资思维框架，再往下一步步拆解，有理有据，逻辑清晰，避免了无意义的表达。

案例二：衣柜与思维体系（见图6-6）

左边的衣柜：有隔间——衣物摆放整整齐齐。新购入一件衣服时，可以轻而易举地知道衣服应该放到哪个位置。寻找衣服时，也可以很快知道衣服大约在哪个位置。

右边的衣柜：大衣柜——凌乱不堪。想找一件衣服的难度非常大，不知道从何入手，时间成本非常高。

这里的两个衣柜相当于投资者的思考框架。思维框架的最大意义

图6-6　衣柜与思维体系

是帮助投资者理清思考方向。好的思维往往会导致好的结果。投资者在构建自己的思维框架的过程，就是理清投资思维和改善投资逻辑的过程。股票投资交易将进入的过程规范化、标准化。

那些有很强的逻辑思维、能洞察事物本质的投资者，能够抓住市场机遇。当别人仍在思考和尝试解决问题的时候，他们已经通过自己的思维框架得出了结果，并先下手为强，更有可能得到回报。但这种建立思维框架的能力并不是天生的，它可以通过系统的训练得以建立。如何才能建立自己的股票投资思维框架？下文中的两种方法供大家参考。

1. 自上而下目标拆解法

"先框架后细节，先结论后原因，先重要后次要"。要培养投资者的拆解分析习惯。例如，头痛发生时，按照自上而下目标拆解法，应该按图6-7所示的顺序思考问题。

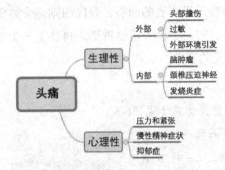

图6-7 目标拆解法思考问题

找到了根本的病因，就可以有的放矢地解决头痛这一问题。这种刨根问底式的目标拆解法叫作关联要素分解法。如果股票投资亏本了，也可以按照这种思维，去寻找亏损原因，就是图6-8的流程。

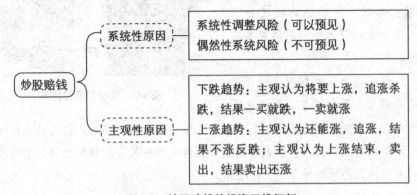

图6-8 炒股赔钱的投资思维框架

2. 自下而上归纳总结

自下而上归纳总结的前提是了解整个脉络，以便顺利拆解。当我们对信息了解得不够全面时，不能确定如何做下一个层次的分解。例如，如果没有系统地学习过于股票有关的知识，大脑中没有系统性的思维，思考仅限于短期赚钱。此时，投资者可以使用自下而上的思考方法。

归纳整理短线赚钱的可能性，收集并列出所有的可能性要点（图6-9）。

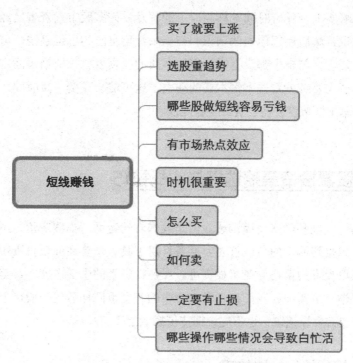

图6-9　自下而上归纳总结的方法

罗列问题清单是一个很好的解决问题的方式，可以进一步确保各种可能性之间的确有内在逻辑关系。明确逻辑关系之间的隐含意义，认真研究每组思维过程的焦点，是一个艰巨的任务，忽略这一步意味着你不能清楚地展示你的想法。更糟的是，你可能根本没有理解你的思想核心。这不仅浪费时间和资源，也表明你没有发现应发现的全部想法和观点。

如果想做好短线投资，有三个要点：第一，操作目标和操作时间的选择；第二是技术策略的范围；第三是积累经验，避免陷阱和风险。通过思维导图很容易实现这个过程。虽然最初开发的思维过程可能不容易使用在实践中，但只要坚持罗列清单，及时归纳总结，理清思考的逻辑关系，拖动相同的逻辑关系的因素到同一节点下，通过学习与实践，普通投资者也可以建立起自己的股票投资思维框架。

投资者很难从一开始就建立一个完善的投资思维框架。任何思维框架都需要优化和更新。投资者需要做的是建立一个基础框架，有了基础框架，才有持续改进的可能。事实上，随着时间推移与股市的普及，许多股市投资者已经完成了基本框架的建设，然后使用他们的知识和经验来优化自己的思维系统。可以看透事物本质的投资者，与毕生都没有看到事情本质的投资者，投资结果注定是完全不同的。投资者需要练就看透事情本质的功夫，这可能会花费一段时间，但一旦建立起正确的思维框架将会使投资者受益匪浅。

6.3 股票投资策略选择与实战技巧

股市的巨大红利确实充满诱惑。但是我国有句老话"临渊羡鱼，不如退而结网"。如果想得到河里的鱼，首先要准备打捞工具。想要在股票投资中获利，就要先掌握股票投资的策略。股票投资可以彰显投资者的生活态度，甚至陶冶投资者的生活情趣。事实上，我们在日常生活中的态度也同样适用于股市上的投资。我们不能期待天上掉馅饼，也不应该期待依靠股票飞黄腾达。

6.3.1 ▶▶ 短线投资方法技巧

短线投资是指用低买高卖的投资方法获得的差价收入，时间期限在两个交易日或两个星期之间。一旦股票价格低于投资者的购买价格，它将被抛出，然后购买其他股票。在短线投资上，股票价格的短期波动和短期上涨潜力最为重要。

尽管短期操作是一个快速赚钱的方法，但是它需要较高的投资水平，要求投资者每天都能有一定的时间看盘，并具备一定的操作技能和经验，否则很难取得良好的回报。总的来看，股票短线投资有十大技巧。

（1）快进快出：通俗来讲，这有点像炒菜，加热两三分钟即倒出。如果加热很长时间，不仅会炒煳菜，还有可能烧坏铁锅。原本想快进快出结果被套只好长期等待，是失败的投资。对于短线投资而言，即使被套也必须遵循快进快出的铁律，亏本也要及时卖出。

（2）抓领头羊：抓领头羊的意思是根据高估价的股票的动态做决定，领头羊正在往东，投资者不能往西，领头羊走上山，你不能跳下海。不能抓住领头羊，也要抓住两头羊。不要买"尾羊"，不仅涨幅缓慢，还有可能落后于别的股票。

（3）上涨时加码，下跌时减磅：这种投资技巧有点像生活中的骑自行车。上坡时，用所有的力量去骑它，一旦放松，可能会掉下来；在下坡时要握紧刹车，如果刹车出现问题，危急时刻应弃车保人，否则可能发生更大的事故。应用于股市就是股票上涨时加量，下跌就要随时准备抛出。

（4）连续下跌50%后可能会反弹：这就像坐过山车，从山顶到山谷，因为惯性总是会滑出一段距离。股票遭受重大损失后不管基本面有多差，都会有一定幅度的反弹。但出现反弹时，不要犹豫，应尽快抛出。

（5）牛市中不要小觑冷门股：这就像是一场足球比赛，一个强大的团队也有可能会输给弱队。这种冷门事件并不冷门。牛市中的大黑马，冷门股不在少数。

（6）股票下跌8%应坚决止损：这是下棋得到的启示，下棋时，每走一步都要想到后续的7步。在被动的情况下，投资者必须"弃卒保帅"。

（7）高位三连阴时卖出，低位红三兵时买进：三连阴预示暴雨将至，需要及时卖出。低位出现三根连续的阳线，说明即将进入回暖期，但这种预测并非百发百中，应结合个股自行判断。

（8）注意大盘暴跌时逆势上涨的股票：在大盘暴跌时可以逆流而上的股票必然有其独到之处，要仔细甄别是否值得投资。

（9）敢于买涨停板股票：购买涨停板股票的投资者被人称之为"敢死队"，需要过人的胆识和冒险精神。这就像徒手攀岩，一不小心会坠入山谷，也有可能会登至顶峰，一览众山小。

（10）巨量的跌停，投资者应毫不犹豫地购入。这如同焰火表演，一飞冲天。巨量下一般都能从跌停到涨停。但是烟花转瞬即逝，要抓住机会在高空时抛出。

接下来简单介绍短线投资方法买入的四大技巧：新高缺口买入，"十字星"

买入，杀阴起涨买入以及放量过头买入。

（1）新高缺口。单纯地从技术角度分析，"跳空缺口"通常是一个明显的趋势前兆。如果股票价格上跳，表明上升趋势；如果股票价格下跳，这可能表明股价即将下降。当股票价格达到一个新的高度时（图6-10），会形成新高缺口，缺口前一个交易日为涨停日。当股票价格调整到缺口附近时，应减少手中的股票数量。股价突破，形成新的缺口时，果断买入。

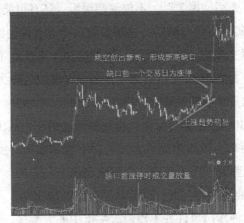

图6-10　新高缺口示例

（2）"十字星"。持续下跌的股票出现十字星是见底回升的前兆，如图6-11所示。特别是一些跳空的十字星，见底的信号更强，股价有望逆转回到中等行情。很多股票的触底反弹就是从十字星开始的。因此，短线投资者有必要研究十字星，有助于提高捕捉潜力股的能力。十字星信号如果出现在股价长期下跌后的低价区，可信度较高，可大胆跟进。

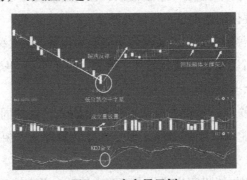

图6-11　十字星示例

（3）杀阴起涨。如图6-12所示，即杀出阴线后一波强势的上涨即将来临，该技巧是短线投资的一个重要方法。熟练地使用这种技巧将给投资者带来成功的快感。但是，这种操作方法是为了避免短期风险，而不是短线投资获得高盈利的捷径。

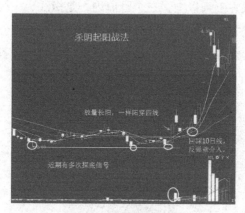

图6-12　杀阴起涨示例

（4）放量过头。如图6-13所示，指还没有建仓完毕，大部分筹码未被锁定，通过放巨量冲过前头部强行建仓。放量时有时是单根大阳线，有时是温和的几根阳线。在出现放量过头的形态时买进股票，几乎从不被套。

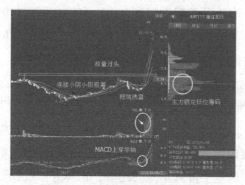

图6-13　放量过头形态示例

许多短期投资者经常后悔，没有把握好盘面的波动。很多情况下，股票的盘面可能会呈现高开高走的状态，有时又是高开低走的趋势。短线股票的投资者必须注意观察他们所熟悉的股票。了解这些股票的性格，进而根据盘面曲线的变化准确地判断股票的兴衰。掌握以上短线投资技巧，在实际适当时抛出股票就可以获得较高的收益。因此，短线股票投资者应该善于总结并不断积累经验。

6.3.2 中线投资方法技巧

中线投资的期限在五天以上，三个月以内，是短线、中线、长线三种投资方式中风险最小的投资方式。因为它既没有短期投资的高波动性，又比长期投资更加灵活。也因此，中线投资的参与者最多。下文将针对中线投资介绍它的投资方法技巧（图6-14）。

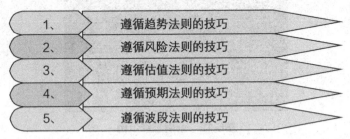

图6-14　中线投资方法技巧

1. 遵循趋势法则

中线投资中的趋势法则普遍适用于市场趋势或个股的趋势。大多数人都知道，投资股票很容易在上升趋势中盈利，也很容易在下行趋势中亏损。对于股票投资者来说，把握好上升和下降的趋势等于找到了正确的方向，投资获利将会更加简单。股票投资的根本，就是判断股票的涨跌趋势。

一般来说，影响股票市场运作的因素有很多，最基本的是国家的法律政策、货币政策、经济基础等。常见的判断方法是：政策支持，股票市场多呈上升趋势；货币宽松政策，股市看涨，个股的增长趋势也会更加积极。相反，则呈下降趋势。因此，购买股票的最佳时机应该是在上升的趋势中。卖出的最佳时机，则是在下降的趋势中。确定上涨或下跌的趋势，选择好中线投资的进入时机，这是中线投资的前提。

2. 遵循风险法则

中线投资，看对趋势才能有效规避风险，为股票投资奠定一个好的基础。股票市场是一个高风险与高收益并存的市场，想要在获得良好收益的同时又能控制风险，就需要严格的纪律和控制风险的手段。

首先，投资者必须把握适当的时机买进股票。中长期股市买入股票的最佳时机是底部股价刚刚上升时，风险相对较小。其次，投资者必须把握介入批次。尽量不要一次性购入大量股票，而是分批次购入。批量购买可以减小风险。最后，严格止损。选择的投资目标是综合考虑的结果。如果个股的趋势与预期相反，说明之前的判断出现错误，中期投资者应该承认错误，及时止损，将损失控制在一个小范围，避免被套牢，同时，兑现的资金可以选择另一个股票或等待之前的目标股票回落后再买入它。许多投资者在浅套时通常不卖，希望能够迅速回升，没有及时止损，反而亏损的更多，让自己陷入更大的被动境地。一般来说，短期投资的止损线5%～8%；中线投资的止损线10%～15%；长期投资的止损线20%。

3. 遵循估值法则

做出了预期判断与风险控制准备，下一步是选择股票。个股围绕价值波动，这是股票市场的运行规律。所谓的估值是对个股的价值进行评估。主要标准是：收益，市盈率，现金流，行业地位，增长等。在过去的市场评估中，每股收益高于0.5元是蓝筹股，低于0.2元是一般股，微利或亏损的股票属于垃圾股，总之收益越高，股票越好。

在行业中处于领先地位的公司具有较强的独立定价和盈利能力。公司在过去的几年中，净利润增长率高，表明公司在快速增长期，估值更高。从投资者的角度选股，有必要选择成长型企业和蓝筹股。这种股票未来中线获利的机会更大，在市场低迷，下降相对较小。

4. 遵循预期法则

买入股票后，下一阶段将充满悬念。一方面，它将测试投资者的选股结果；另一方面，它还会测试投资者的持股耐心。从股票买入到卖出的过程，有两种预期。一种是股票本身的盈利预期，另一种是市场的炒作预期。个人的利润预期，通常需要一个具体的目标价格。一旦达到目标价格，应该果断终止投资，出售股票。股票市场风云变幻，所以市场的炒作预期相对复杂。股票投资实际上是预期的投资，猜测未来无疑是最富有想象力的，股市最大的魅力也是基于此。因此，常常需要提前推测，提前调整手中的股票数量。

5. 遵循波段法则

我国的股市像一只小皮猴，常常上蹿下跳。政策变化迅速，制度也不够完善，投资机构缺乏严格的监管，大多数股票的投资者都把投资视为赌博，追求投机。这些因素都使市场的动荡性增加。即使是牛市也不可能一直上升，高速增长的股票也有下降的时候。如果投资者不了解购入的股票，很有可能像在游乐园乘坐过山车一样大起大落。结果不仅令人沮丧，也会损害投资者的持股信心。因此，只有遵守波段操作法则，掌握投资技巧，才能增加利润。总的来看有以下三个波段法则。

（1）时间波段

股票市场也是周期性的，有牛市，也有熊市。成功的投资者在牛市将股票卖出，在熊市将股票买入。这是一个长期的波段。由于时间跨度太长，不适用于中线投资者。中线投资中的时间波段是指一年之中的季度周期。以往的经验显示，每年的第一季度与第三季度股市有大概率处于牛市。与庄稼的春种秋收的周期性相似，在股票市场上一直有一种说法，股市冬耕春收，一般来说，每年年底买入股票，来年春天卖出，很容易有一个好的收益。因此，把握股市的时间波段是非常重要的。

时间波段的本质是利用股市的上升阶段卖出，选择下降阶段休息。知道休息是投资的关键。它不仅让投资者保持胜利的果实，还可以避免股市的风险调整阶段。在某一特定阶段，应让自己冷静下来思考和充电，准备下一阶段的股票交易。事实上，长时间驻扎在股票市场，容易造成投资者心态的浮躁，很可能在此期间频繁操作，最后导致收益不佳。因此，中期投资者可以在每年春天，多关注一下盘面，及时卖出。第二季度，选择休息。秋天的时候研究股市，选择在冬天要买入的股票。

（2）仓位波段

仓位波段的本质是控制投资者股仓的储量，市场上升应保持尽可能高的仓位增加利润。在股市的下降阶段，降低仓位尽可能减少损失。合理控制仓位线可以防范风险，增加利润。只有那些知道如何控制好仓位位置的投资者才可以在股票市场收放自如。

（3）个股波段

个股波段不必多说，还是应遵循价值投资的原则，在个股下跌之后，还可以进行回补。一般来说，个股波段的本质是高抛低吸，降低成本，提高股票的盈利能力。

以上这些中线投资的方法技巧更加注重实战，除了遵循以上几个法则外，还要注重心态的调整，特殊情况下投资者能否控制自己的情绪也是中线投资能否获利的重要因素。由于个人性格、资产状况的不同，这些股票投资技巧也并非适合所有人。

6.3.3 >>> 长线投资方法技巧

长线投资是投资股票的一种方法。投资期限最低要求在一年以上。根据上文中提到的长线投资的代表，股神巴菲特的股票选择标准，最重要的是选择有投资价值的好股，即核心竞争力强，竞争优势明显，行业垄断地位，领先的新技术等。

接下来将为大家介绍在长线投资领域与巴菲特同样出色的一位投资人Anthony Bolton（安东尼·波顿），他是英国最著名的基金经理人之一。作为公司的领导者，巴菲特不需要面临监管约束，因此很多职业基金经理人认为，巴菲特的投资方法不能被复制。相比之下安东尼·波顿的工作更有借鉴意义，因为他面临的投资环境与普通人相差不大。安东尼·波顿认为，公司强大的综合能力不一定有助于在股票市场上的长跑。资金流入股票市场往往喜欢追求短期资金的收益最大化。希望投资的公司突破技术，开发新产品，在短期内产生一个巨大的飞跃。而长线投资适合选择那些均衡的公司，带来的是长期稳定的发展，这要求投资者做好充分的心理准备，因为在相当长的一段时间内，你选中的股票可能平淡无奇。

长线投资的损失不仅体现在个人资产上的损失，还包括投资者在时间和精神上的损失。为什么在我国的股市上许多投资者采取长线策略却屡屡亏损？这是因为他们没有掌握长线投资的技巧。

结合实战来看，2017年初，某位投资专家按照安东尼·波顿的投资理论，选择了海康威视作为自己的长线投资股票，如图6-15所示。当时，海康威视股价大约是26元。投资专家认为这只股票会稳定增长，有长期发展的潜力。据海康威视的官方数据，2016年总营业收入为3201.7亿，同比增长26.69%，净利润增长率为26.32%。该公司受益于经济复苏和客户购买力的恢复，与2015年相比，盈利能力有所增强。2016年的海外业务扩展进程顺利。

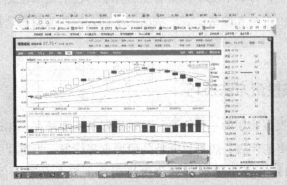

图6-15 海康威视2017年股票走势图

与此同时，海康威视不断提高管理水平和运营效率，盈利能力稳步增长。商业版图上的新业务也在不断扩展，实行股权激励机制，调动员工的积极性。在股票市场上的表现持稳定上升的趋势。

投资专家进行仔细研究后，决定采用分批买进的方法对海康威视进行长期投资。几个月后，海康威视的股票走势呈45°角一路向上，股价最高超过40元，长线投资盈利差不多翻了1倍。

从上文中的例子结合股市的实战经验，我们可以得出以下长线投资技巧。

首先，投资标的的总股本较小。为什么一些老股票可以不断地刷新自己的最高纪录？一个关键因素是这些企业拥有扩张股本的能力，只有小股本的股票才有能力在高速成长之后不断扩张股本，所以股本的大小是关键。挑选长线投资标的第一个原则就是选择长期高增长的小盘股股票。股票市场上的小盘股有很多，但大多数都是低增长的。这种类型的小盘股不适合长线投资。

其次，选择行业细分的领袖。我们都知道，业内领先的企业是好企业，但这种公司往往规模较大，属于大盘股，资本扩张有限。而且这些公司的股价往往较高，很难以便宜的价格买进。所以长线投资者可以选择细分行业的龙头公司，这些企业具备股本扩张的基本条件，而且相对容易以较低的价格买入。

最后，投资标的行业具有很好的前景。长期的股票投资最好是新兴产业，发展空间大，而且价格相对较低。

6.3.4 >>> 遭遇股票套牢时的解套技巧

我们都知道，股市有风险，入市需谨慎，但股票投资的高收益，往往令人难以抗拒。每个进入股票市场的投资者都有一个"赚钱"的梦想，散户投资者总是成为股票市场的输家，很少有赚钱的人。"辛辛苦苦三五年，一夜回到解放前"，投资者想要避免这种情况的发生，有必要学习股票套牢时的解套技巧。

为什么被套牢的总是你？首先先来分析一些常见的股票被套牢的原因，如图6-16所示。

1、	看到股票大涨时才买入
2、	看到媒体报道时才买入
3、	买别人推荐的
4、	因恐慌而抛售

图6-16 股票被套牢的原因

（1）看到股票大涨时才买入

许多投资者会认为股票呈现出明显的上升趋势时再买入是正确的，但在这种看似正确的操作下，却有不少散户投资者折戟于此。这是大多数散户投资者的悲哀，也是散户投资者们亏损的原因。在大多数投资者认为买入的股票会继续上涨时，很有可能是主力拉高了价格，准备脱手。散户投资者贸然进入后，只是为他人作嫁衣。

（2）看到媒体报道时才买入

这里的媒体报道指的是各种股市的自媒体营销号，大部分的媒体报道的都是上涨了很多的个股，甚至还有黑心的所谓股评专家大肆吹捧某一个股配合主力出货，这时进入的投资者很容易被套牢。

（3）买别人推荐的

新手投资者除了通过媒体途径，还会听从他人的意见购买股票，股民们经常可以听到从某处传来的内幕，而这些所谓的内幕90%都是虚假消息。

（4）因恐慌而抛售

一些投资者看到市场下跌，个股价格下滑，立即以当前的价格抛售股票，生怕被套牢。其实股市短期的跌宕起伏都是正常的，不要因为一天的下降而惶恐不安。老股民有一种说法叫"别人恐慌，我贪婪"，这是在实践中得出的道理。

上述现象是比较常见的亏本原因，希望投资者审视自己的操作中是否包含了上述现象。有则改之无则加勉，防止被套。但是万一不幸地被套牢了，一定要保持良好的心态，认清大盘所处的阶段，应对不同的个股采取不同的解套策略。

保持一个良好的心态，仔细思考被套牢的原因。除了市场因素，事实上，很大程度上是因为投资者本身的技术问题，对股票的准备工作不够充足，或因为他们盲目地听从媒体和朋友的意见。在股票处于低值时不敢购入，开始回升时又犹犹豫豫，等到价格升高了又觉得太贵，等到股价再次下调终于下定决心买入股票，结果被套牢。除了对目标股票的研究和思考，更重要的是调整自己的心态。感情用事、犹豫不决的人不适合进入股票市场。因此，如果股票被套，不要懊恼。如果认为该股没有持股的必要，就尽快卖出。越快出手，心理负担也就越早放下。

识别当前股票市场的态势，主动寻找解决方案。当股指突破重要的均线和支撑位，如短线投资20日均线，中长期60日均线，或120日均线等关键点时都会出现小范围的反弹，抓住反弹果断卖出，顺水推舟是股票投资成功的先决条件。

识别个股所在的阶段，采用不同的方法把股票抛出。判断个股所在的阶段是股票投资者基本的技能，目的是为了使投资者能够避开主力出货的个股，购买真正呈上升趋势的股票。如果买错了股票，必须采取快刀斩乱麻的手段迅速抛售。具体而言，股票解套有以下5个小技巧，如图6-17所示。

技巧一	分步解套法
技巧二	T+0解套法
技巧三	资金复位解套法
技巧四	全面清仓法
技巧五	向下差价法

图6-17 股票解套的技巧

1. 分步解套法

分步解套法适用于稳定市场下的个股被套，和深层次的被套。分步解套的优点是可以显著缩短被套的时间；缺点是很容易踏空，不适于牛市。

如果有不止一只股票被套，可以先集中资金，选择一只股票开始解套操作，然后再逐一打破后其他股票的禁锢；其次注意股市整体的行情，当股市处于熊市时，不适合使用分步解套法，因为很难从中盈利。

2. T＋0解套法

很多投资者在买入股票后，股价出现下滑，就认为自己被套，马上抛售导致赔本。如果是一个长期投资者，可能不会马上卖掉或者还会跟进。这两种行为都是没有冷静分析的结果，只看到了股价表面的起伏。因此，建议投资者利用T＋0的方法，在疲软的市场中，减少持有成本。"T＋0"不需要增加现金也可以实现交易。当持有的个股被套后，等待时机，某天股票被突如其来的好消息刺激，股价回升，先卖出被套的1/3，股票价格上涨结束。回落之后，将原来抛出的同一品种股票一同买入。按照这种方法在一个交易日内多次高买低卖，达到解套目的。

3. 资金复位解套法

由被动地等待时机转为主动解套，把被套死的资金变为有效的灵活资金。资金复位解套法的难点是找到股价的高点和低点，将套住的资金释放出来。解套过程如图6-18所示。

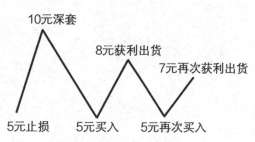

图6-18 资金复位法解套过程

如图6-18所示，如果投资者的购入成本是每股10元，买了10000股，总共花了100000元。现在股票价格降至5元，只剩下50000元，换句话说50000元被套。投资者现在的目标应该是让50000再恢复到100000元，使用图6-18所示的资金复位法解套后，不亏反赚，不必等到股票价格上涨至10元再抛出。

4. 全面清仓法

凡低于30日均线和60日均线的个股，投资者必须对其保持高度警惕。如果能在短期内恢复到原来的水平，必须全部抛出。全面清仓法适用于股票下降的初期阶段。一旦股票跌出重要趋势线，任何犹豫都会增加损失，使未来的操作难以进行。

5. 向下差价法

使用向下差价方法的前提是，投资者可以准确判断市场前景是向下的。股票被困后，等待反弹到一定高度，把它卖掉，下跌一段时间再买回。重复这个步骤直到损失得到弥补，再出手所有的股票。

在解套的过程中要注意被套的原因是购买的成本太高，只要能以比卖出价格低的价格买回股票，就算成功解套。解套需要耐心，只要可以降低成本，买卖多少次都无所谓，不要奢望一步到位。在股票交易中保持谨慎，记住不要重复犯同样的错误。

第 7 章

》收益稳健的债券投资

理财市场是有经验的人获得更多金钱,有金钱的人获得更多经验的地方!

——(美国)朱尔

随着经济社会的发展，以及互联网金融的出现，人们有了越来越多的投资渠道。在众多的投资方法中，哪一种最有益于投资者呢？想要做出正确的投资决定，需要投资者像在商场购物一样"货比三家"。在之前章节已经重点介绍过了储蓄、保险、股票等投资方法，下面将重点阐述债券投资，进一步深化普通白领对投资理财的认识。

7.1 债券投资的相关概念

投资理财是一场马拉松。在投资理财的跑道上，有这样一个相对"低调"的理财方式。它不追求短期爆发性增长，波动也相对稳定，投资的回报需要时间来凸显。它就是债券投资。下文将重点介绍债券投资的相关概念，如债券的定义和特点，以及债券投资基本类型。希望投资者能对债券投资有深层次的了解。

7.1.1 》》债券的定义与特点

在金融领域，债券是投资者持有的债权凭证。最常见的债券类型包括市政债券和公司债券。

债券，顾名思义是一种债务证券，发行人有义务对债券的持有者支付利息或在到期日偿还本金。应付利息通常有固定的时间间隔（一月一次、半年一次或一年一次）。有价债券的所有权可以在二级市场上转让。这意味着债券，在二级市场上具有高流动性。

债券是一种贷款凭证，也可以称之为借据，债券的持有人是债权人，发行人是债务人。债券可以看作债权人的长期投资。

总的来看，债券是政府、企业、银行等主体为筹集资金，按照法定程序发行，并向债券持有者承诺于指定日期还本付息的有价证券。了解债券的概念后，下一步要明确债券的四大特点，如图7-1所示。

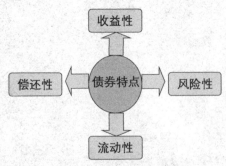

图7-1 债券的四大特点

（1）收益性：债券的盈利能力表现在两个方面：一方面，有明显的固定利率保证和本金安全的保证；另一方面，它可以在二级市场上进行债券的交易活动，获得投资收益。债券的收益率取决于债券的持有期长度、不同的持有规模、债券风险性与流动性的强弱。

（2）风险性：虽然债券发行人保证还本付息，但债券投资也有一定的风险性。无论是固定利率债券还是浮动利率债券，都会随着银行利率的变化而变化，持有人也需要承担产生损失的风险。但与投资基金和股票相比，债券投资风险最小，适合稳健的理财者。

（3）流动性：购买债券可以和投资商品一样自由。当债券持有人缺少流动资金时，他们可以向第三方出售自己持有的债券，提前收回本金。债券与储蓄相比有良好的流动性，与股票相比有良好的保本性。影响债券交易流动性的因素有三个，如图7-2所示。

> （1）债券发行人的信用状况
> （2）债务周期的长度
> （3）二级市场交易条件的差异

图7-2 影响债券交易流动性的因素

（4）偿还性：债券反映的是债务关系。债券发行人必须按时还清债务。偿还性是债券的重要特征。

作为投资理财方式，债券和股票都是证券的一种类型，但两者之间的主要区别是，投资股票买入的是公司的股权，可以看作公司的股东，而债券的持有者是发行人的债主。当企业分配红利时，债权人的级别优先于股东。另一个区别是，债券通常有一个固定的持有期限，到期后由债务人收回，而股票通常可以无限期地持有。

7.1.2 >>> 常见债券的基本品类

按照不同的分类依据，债券可以分为不同的基本品类，如图7-3所示。根据发行主体的不同，可分为政府债券、金融债券与公司债券。

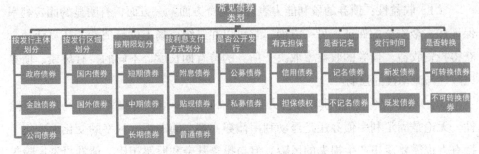

图7-3 常见债券的基本品类

1. 政府债券

由政府发行，持有人利息免税。政府债券的发行目的是弥补财政的不足或投资于大型的工程项目。地方政府机构发行的债券，称为地方政府债券，主要是为当地建设筹集资金。政府债券的期限往往较长。

2. 金融债券

发行主体是银行或其他金融机构。发行目的是筹集长期资金。利率高于银行的储蓄利率，持有人可以在任何时候转让金融债券。

3. 公司债券

发行主体是非金融企业，目的是提高公司的长期建设资金。通常有特定的用途。根据有关规定，企业的信用评级水平达到一定级别后才可以发布债券。企业债券的风险相对最大，所以它的利率在这三种债券类型中也最高。

按照债券的发行区域划分，可分为国内债券和国际债券。国内债券的发行人在国内，以国内的人民币为单位。国际债券的发行人也在国内，面向的是其他国家，以国际金融机构的外币为单位。

> 例如，近年来，我国一些企业在日本发行债券，或面向新加坡等国家发行债券，都可以被称为国际债券。国际债券的发行要求较高，因为国际债券属于发行国的负债，国内企业必须得到政府主管部门的允许，才能在海外发行债券。

债券还可以按照期限的长短划分类型,一年期以下的为短期债券、中期债券的期限在1~10年,长期债券的期限在10年以上。

根据利息支付方式上的差异,债券可以划分为附息债券、贴现债券、普通债券。附息债券附有息票,息票的持有者按指定时间领取利息。贴现债券以一定的折现率出售,如果不出售,在到期后,持有人仍可以收到本金和利息。普通债券发行价格不低于面值,持有者可以选择批量或一次性拿回本金和利息。

按照债券是否公开发行,可以分为公募债券和私募债券。公开发行的债券是公募债券,发行人经证券管理部门批准,依照法定程序上市发行。发行人必须进行信息的披露,为投资者提供财务报表等信息,保护投资者的知情权。私募债券发行范围很小,面向的是银行或保险公司,债券的流通会受到一定限制,利率通常比公共债券高。

按照有无担保,债券可以分为信用债券与担保债权两大类型。信用债券,也可称之为无担保债券,是一种完全凭借债券发行人的信用,没有抵押品的债券。政府债券是典型的信用债券。公司如果想要发行信用债券,必须具备良好的信用,同时签署信托契约,以保护投资者的利益。担保债券基于抵押财产的基础上,抵押房产、土地、机械设备等,当债券发行人不能履行偿债义务时,债券的持有人有权出售抵押品维护自己的利益。

按照债券是否记名可以分为记名债券和无记名债券。记名债券持券人的姓名会出现在券面和发行主体的账簿上,进行债券交易时,持券人的名字也需要一并更改。不记名债券不记录持有人的姓名。当前在我国的债券市场上流通的通常是不记名债券。

按照发行时间分类,有新发债券和既发债券两类。新发债券有招募日期,一经发行便成为既发债券。既发债券可以在证券交易部门按照当前的市场价格随时购买。

按照是否可转换,债券分为可转换与不可转换债券。可转换债券在一定条件下可以转化为其他金融工具。通常是可以将持有的债券转换成公司的股票。不可转换债券没有这种转换功能。

综上所述,按照不同的分类方式,债券可以划分为不同的基本品类,了解这些基本品类有助于投资者更好地选择适合自己投资理财的债券类型。

7.2 如何测算债券投资收益与风险

投资理财是有风险的，这种风险的存在不仅体现在价格的变化上，发行人信用也是债券风险的一种。因此，正确地评估债券投资的收益与风险，明确未来可能获得的利益或遭受的损失，是债券投资者的准备。

尽管与股票相比，债券的利率通常是固定的，但仍然有风险。有风险就意味着可能有损失。在深入分析债券之前，我们有必要先测算债券投资的收益与风险。下文将重点介绍债券价格及相关的影响因素、收益的计算方法，以及债券投资潜在的6种风险。

7.2.1 债券价格及相关影响因素

债券是三大金融投资方式（债券、股票、期货）之一，虽不如股票那样价格波动频繁，但其价格并非一成不变，仍然会受到外界环境的影响。一般来说，债券价格的影响因素有以下几点，如图7-4所示。

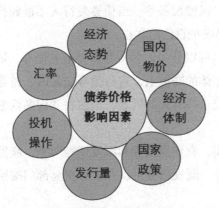

图7-4 债券价格的影响因素

1. 经济态势

当国民经济显示出下降趋势时，债券的发行主体对资金的需求减弱，银行贷款也会随之减少，整个市场的总体利率就会下调。一般情况下，债券价格与利息收入成正比，与市场利率成反比。这是因为经济萧条时金融机构不需要出售债券，市场上流通的债券价格将上升。相反，当国民经济处于扩张的阶段时，在经济繁荣的情况下发行主体对资金的需求高，贷款的利率将会上升，发行主体会出售更多的债券以增加贷款。当大量的债券进入市场，二级市场上的流通价格将不可避免地下降。

2. 国内物价

当国内物价开始普遍上涨时，央行将实行紧缩的财政政策，提高利率，社会资金短缺，市场预期的回报率上升，迫使债券的价格下降。相反，如果市场的价格水平是稳定的，就会实行宽松的货币政策，社会资本雄厚，市场的预期回报率下降，债券的价格就会上升。

3. 经济体制

在计划经济体制占主导地位的市场条件下，金融市场刚刚开始，市场机制不够完善，债券价格受到多方面的制约。社会政治和经济因素都会导致债券市场的价格波动。相反，在商品经济发达的健全市场经济体制条件下，金融机制自由运行，影响债券价格的因素也较少。

4. 国家政策

国家的金融和财政政策，将会对债券的价格产生更大的影响。例如，央行利率上调，存款准备金率等都对债券价格产生重大影响。其中，提高存款准备金率将使债券的价格下降，反之则上升。

5. 发行量

大量的新发债券进入市场，导致金融市场上的供过于求，债券价格下降，所谓"物以稀为贵"就是这个道理。

6. 投机操作

1992年，上交所首次推出国债期货交易。1994~1995年，国债发展迅速。1995年我国证券史上最黑暗的"327"事件爆发了。在"327"前的几个月，有几个机构联合操纵市场，导致债券的每日价格波动高达3元。1995年2月23日，新债券发行吸引了一大批投资者，导致国债期货市场的向上突破。多家机构联合提前屯仓超过了规定量，并在市场价格飙升后蓄意违规，导致债券全线爆仓。万国证券的管金生，利用规则漏洞卖出"327"国债多达3000亿元，也为自己惹来了长达7年的牢狱之灾。

这个案例深刻地说明了，这种人为的投机操作对债券价格的巨大影响。

7. 汇率

汇率的变动也会影响债券在市场上的价格，外汇升值相对应的该币种债券也就随之升值，例如，人民币对美元升值，那么人民币债券就会升值，美元债券则会贬值。

综上所述，经济态势、国内物价、经济体制、国家政策、发行量、投机操作、汇率等因素都会引发债券的价格变动。除此之外，许多其他因素影响较小，不再一一列举。普通投资者如果无法一一分析这些因素对债券价格的影响，可以借力分析家的数据确定债券价格的变动。

7.2.2 ▶▶ 债券收益率的4种计算方法

有3个主要因素决定了债券收益率：利率、持券期限，以及购买价格。这3个因素之间的变化决定了债券收益率水平。

大多数情况下，债券带给投资者的收益分为以下3种类型（图7-5）。

> 1、根据债券利息收入计算利率
> 2、购买价格和偿还价格的差价
> 3、利息和再投资收益

图7-5 债券投资的收益类型

根据这3种不同的收入类型，可以将债券投资的收益分为直接收益率、单利收益率以及复利收益利率。直接收益率是年度投资本金与利息收入之间的比率，具体计算公式如下。

（1）贴现债券、附息债券最后的利息支付周期，以及剩余流通期限在一年以内的到期一次还本付息债券的到期收益率计算公式如下。这种方式也适用于回购利率。

$$y = \frac{FV - PV}{PV} \div \frac{D}{365}$$

式中 y——到期收益率；

PV——债券全价（包括成交净价和应计利息）；

D——债券交割日至债券兑付日的实际天数；

FV——到期本息和。

（2）剩余流通期限在一年以上的零息债券与剩余流通期限在一年以上的到期一次还本付息债券的到期收益率采取复利计算，计算公式如下。

$$y = \sqrt[L]{\frac{M + N \times C}{PV}} - 1$$

式中 y——到期收益率；

PV——债券全价；

C——债券票面年利息；

N——债券偿还期限；

M——债券面值；

L——债券的剩余流通期限。

（3）不是最后付息期的固定利率附息债券以及浮动利率债券的到期收益率也采取复利的方式计算，计算公式如下。

$$PV = \frac{C/f}{(1+y/f)^w} + \frac{C/f}{(1+y/f)^{w+1}} + \cdots + \frac{C/f}{(1+y/f)^{w+n-1}} + \frac{M}{(1+y/f)^{w+n-1}}$$

式中 y——到期收益率；

PV——债券全价；

f——债券每年的利息支付频率；

m——债券面值；

n——剩余的付息次数；

C——当期债券票面年利息。

$$W = D/(365 \div f)$$

式中 D——债券交割日距下一付息日的实际天数。

在上面的计算收益率的公式中，除了回购利率，投资者的债券投资收入都是以到期收益率为衡量标准。除到期收益率外，投资者还可以利用债券持有期的收益率来计算买卖债券可以获得的收益。债券收益率计算器见图7-6。

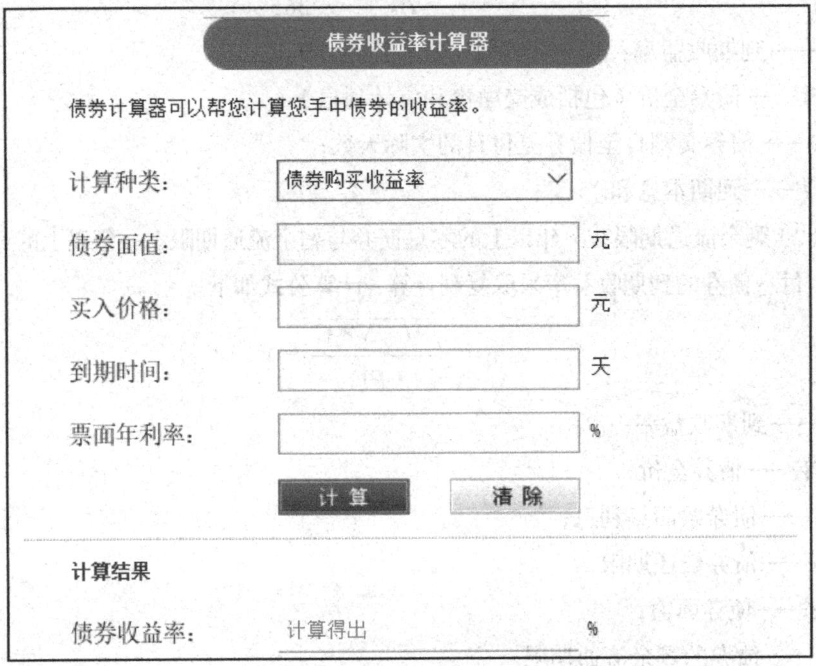

```
债券收益率计算器
债券计算器可以帮您计算您手中债券的收益率。
    计算种类：  债券购买收益率
    债券面值：              元
    买入价格：              元
    到期时间：              天
    票面年利率：            %
         计算        清除
计算结果
    债券收益率：  计算得出      %
```

图7-6　债券收益率计算器

（4）债券收益计算器：债券收益率的计算对于普通投资者而言过于复杂，好在随着技术的发展，利用计算机输入相关信息就可以计算出结果，如图7-6所示。

上述所有计算方法仅是停留在理论层面，在实际的计算收益率的过程中，还需要考虑通货膨胀、国家的税收政策等影响因素，需要对公式做相应的调整。

7.2.3　6种可能的债券投资风险

债券投资是证券投资的重要组成部分，是投资者通过购买债券获得收益的理财手段。在上文提到的债券的基本品类中，按照发行人划分的政府债券、金融债券与公司债券是最常见的债券类型。债券投资风险是指债券预期收益的可变性与不确定性，债券投资风险体现在多个方面。常见的6种债券投资风险类型如图7-7所示。

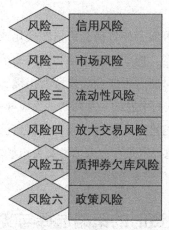

图7-7 6种可能的债券投资风险

1. 信用风险

债券的发行主体无法按照规定的期限还本付息的风险,称之为信用风险。如果投资者购买或持有发行人信用评级较低的信用债券,投资者将承受更大的信用风险。

2. 市场风险

市场经济环境的变化,或供求关系的改变,致使债券价格出现波动的风险,叫作市场风险。

3. 流动性风险

由于债券的流动性,投资者有时可能无法以合理的价格在短期内进行债券的交易,导致收益受损,这种风险叫作流动性风险。

4. 放大交易风险

投资者将国债和债券的卖出回购当作增加盈利的杠杆,这种操作有可能会放大投资者的收益,但也可能放大投资者的损失。

5. 质押券欠库风险

当投资者想要通过债券进行回购融资时,需要提交合格的债券质押仓库,如果提交的债券价值不足,就需要添加抵押品。如果未能及时补充债券进入质押库,就有可能形成质押券欠库的风险,资金融出方有权处置被抵押的债券。

6. 政策风险

由于国家政策的变化可能会导致债券价格的变化或制约债券持有者的交易行为，这种风险称为政策风险。例如，标准化和严格的地方政府债务政策施行后，一些不规范的发行主体偿付能力可能会使投资者担忧。或者监管机构调整了金融机构可投资债券的范围，从而引发的一系列联动反应都是政策风险导致的。

准备利用证券交易参与理财的投资者应当根据自己的财务状况、回报预期以及承受风险的能力，审慎地决定是否进入债券交易市场。

7.3 进行债券投资时的策略选择与实用技巧

债券投资是一门非常重要的理财科学。掌握债券投资完全取决于投资者的知识和经验的积累。然而，这并不代表着债券投资没有策略与技巧可言。债券投资人需要掌握一些债券投资的策略与实用技巧。下文将针对消极的投资策略、积极的投资策略以及债券投资的4种技巧作重点解释。

7.3.1 >> 消极债券投资策略：持有到期赚利息

消极投资策略是债券投资中常见的策略方法，无须依赖市场变化，就能保持固定收入。投资者只希望获得稳定的利息收入，以及本金的安全。因此，也被称为保守的投资策略。常见的消极债券投资策略有3种，如图7-8所示。

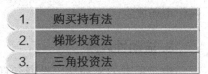

图7-8　常见的消极债券投资策略

1. 购买持有法

债券投资的最简单方法就是购买持有法，即在分析所有的债券后买入满足自己需求的债券，在持有债券的期间，不进行任何的交易活动。虽然这种投资策略显简单，但自有妙处。这一投资策略的收益是固定的，不受市场环境变化的影响，避开了价格风险。此方法适合较小的债券市场规模和流动性较差的债券，并且适合不熟悉市场、不擅长使用投资技术的投资者。

使用购买持有的投资策略时，投资者应注意以下问题。首先，根据自己的财产状况选择期限适度的债券。虽然一般来说，期限较长的债券往往有更高的收益，然而，期限越长，投资资本的锁定期也就越长。其次，债券投资者投资的数量也要适度，一般来说，在购买持有策略上，投资者最好不要将所有的资金投资于债券。

然而，这种投资策略也有其缺点。首先，这是一个相对消极的策略。投资者不用时刻关心市场的变化，容易忽略投资机会，也就失去了增加回报率的机会。其次，尽管投资者可以获得一个固定的回报率，但所谓的固定回报率只是名义上的。通货膨胀发生时，实际投资回报率将会改变，从而使这种投资策略的价值大幅下降。当通货膨胀比较严重时，甚至会给投资者带来损失。最后，多数情况下，市场利率上升时，这种投资策略的回报率相对较低，因为不能出售低收益的债券，购买高收益债券。

2. 梯形投资法

梯形的投资方法，也称为等期投资方法，是分批次地认购相同期限的债券。投资者将在未来一段时间获得稳定的收入。

> 例：小宇的投资策略（一）
>
> 2012年6月，小宇购买了一项为期3年的债券，2013年的3月再次购买了一项为期3年的债券，2014年4月第三次购买一项为期3年的债券。
>
> 因此，2015年，小宇获得了2012年发行债券的本金和利息，小宇用这笔钱购买了2015年发行的3年期债券。以此类推，小宇每年都将获得一笔本金和利息，并将这笔钱用于新的投资，不仅获得了收益还满足了资金的流动性需求。
>
> 只要小宇继续使用到期债券的本金和利息每年购买新发行的债券，梯形的债券投资组合结构就没有改变。

这种投资方法的优势在于，投资者采取这种投资方法可以按时得到本金和利息，资金的流动性需要有所保证，保证了固定收益。同时，当市场利率变化时，梯形投资组合的利率不会改变太多。此外，这种投资方法每年交易一次，成本相对较低。

3. 三角投资法

三角投资法是使用债券投资期限不同、利率不同的原则，投资者在不同的时间投资具有相同到期日的债券。三角投资与梯形投资方法的差异在与，尽管投资者都是连续投资，但到期时间不同。

> 例：小宇的投资策略（二）
>
> 小宇决定在2020年进行一场国际之旅，为了能够获得所需资金，他决定投资债券。他制定了详细的投资策略，他可以在2015年投资一项5年期的债券，在2017年投资一项3年期的债券，在2018年投资一项2年期的债券。这些债券获得预期的到期本金和利息，足够他进行国际之旅。

三角投资方法的特点是，国债投资的期限随时间变化而不断减少，优点是能够获得固定收益，保证预期的资金可以实现特定的目的。

根据资金来源和使用状况，每个投资者都可以选择适合自己的投资策略。具体而言，在选择投资策略时，应考虑自己的整体资产、负债的状态及未来现金流的状态，对债券投资进行最优组合，最好能够兼具流动性与收益性。

7.3.2 积极债券投资策略：利用价差赚取高于票面的收益

投资者积极地研究市场行情，预测债券的价格走向，出售持有的债券并买入另一种类型的债券，以获得价格差异的投资方法叫作积极债券投资策略。这种投资策略的重点是要准确地预测市场利率的变化方向，以便充分利用市场价格的变化获得高于票面的收益。因此，这种积极的投资策略通常也称为利率预测法。

这种投资策略要求投资者有丰富的债券投资知识和市场运作经验，交易成本相对较大。积极的债券投资策略受到追求高收益的投资者的欢迎。同时，债券市场频繁的利率变化也为利率预测提供了实践的机会。

积极债券投资策略的具体操作步骤如下：首先投资者对未来的市场行情做出预测，然后根据这个预测调整自己持有的债券，从而获得高于市场平均水平的收益率。因此，准确预测利率变动的方向和有效地调整债券，成为积极债券投资策略的主要手段。

1. 利率预测

经过之前的分析我们可知，利率预测是积极的投资策略的核心。预测利率的走向是一个非常复杂的工作。作为一个重要的宏观经济变量，利率受许多因素的影响，这使得利率预测的难度加大。

从宏观经济的角度来看，利率变化反映在市场上供给和需求之间的关系。市场利率在经济发展的不同阶段也是不同的。在持续的经济增长阶段，企业会借钱购买机械、原料、场地等生产所需。资金短缺的情况下，债券的利率会上升。相反，在市场的疲软阶段，资本的需求会减少，利率会下降。除了市场经济的影响，利率也受通货膨胀、货币政策以及汇率的影响。

2. 债券调整策略

债券调整策略用于市场利率预测之后，投资者可以根据预测重组他们的债券。债券投资的收益率与市场利率密切相关，当市场利率上升时，债券投资的收益率会相应增加；当市场利率下降时，债券的收益率也会相应减少。调整投资组合的目的就是保证自己所持债券是市场上利率较高的债券。

由于市场利率和债券的市场价格是反比例关系，市场价格上升，债券的利率将会下降，当市场价格下降，债券的利率将上升。前一种情况的调整策略是出售持有的债券，而后一种情况正确的调整策略是购买债券。

> 以上海证券交易所的×××号债券为例，该证券在2018年11月14日的收盘价格为99.38元，某投资人通过计算得出该债券当前的到期收益率为3.55%。基于此他做出了预测。
>
> 预测一：如果在11月15日，市场利率下降至3.29%，那么×××号债券的价格将会上升至101.49元，比11月14日上升了2.11元。
>
> 预测二：如果11月15日市场的利率上升至3.81%，那么相当于×××号债券的价格下跌至97.38元，降了2.2元。
>
> 如果投资者采纳预测一，此时应该购入债券，采纳预测二，此时应该卖出债券。

需要投资者注意的是，利率预测方法是一种积极的债券投资策略，如果不出意外，就可以获得相对较高的收益率，但是这种投资策略非常危险。一旦利率变动方向与投资者的预期相反，可能会遭受较大的亏损，因此积极的债券投资策略适用于那些熟悉市场、有丰富的操作经验的"老手"，不适合投资新手使用。

7.3.3 >> 做好债券投资的4种实战技巧

在驾驭某一事物前，最好先摸清楚它有没有什么应对技巧，然后用技巧办事就会轻松很多，债券投资也是如此。下文将重点介绍做好债券投资的4种实战技巧，如图7-9所示。

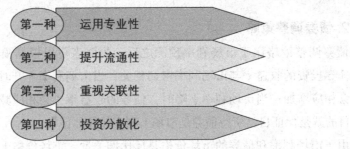

图7-9 债券投资的4种实战技巧

1. 运用专业性

债券的种类和数量不断增加，条款与交易规则也变得越来越详细具体，这种变化将推进债券投资的专业化程度。因此，借力于专业人员，学习他们的投资方法来管理债券投资变得十分必要，债券投资的专业化将成为债券市场未来发展的必由之路。

如今，一些投资者通过投资基金间接地投资于债券市场，这样他们不仅可以享受专业的金融专家的服务，也能投资于不允许个人投资者参与的债券类型。在未来，专业性的债券投资模式将受到个人散户投资者的喜爱。

2. 提升流通性

在债券投资的实践中，许多投资者过于关注债券的安全性或盈利能力，忽视其流动性。债券的流动性是指现金债券是否容易变现。债券的流通性与债券的安全以及盈利能力密切相关。一些债券因为缺乏流通渠道，血液循环不良，增加了投资风险。良好的流动性不仅可以减少投资者承担的机会成本，也有助于投资者获得更高的收益。

3. 重视关联性

债券和股票之间可以存在关联，二者的结合是可转换债券。可转换债券兼具债券的性质与股票的性质。普通的可转换债券相当于债券加上认股权证。可转换债券在债券市场很受欢迎，一经发行将会吸引大量的资金认购，也会有相当大的溢价，尤其是股市处于牛市时，随着股价的上涨，可转换债券也会节节攀升。

4. 投资分散化

投资分散化有利于降低投资的风险性，在债券的种类上进行匹配结合，以降低风险，增加收益。债券投资分散化的技巧主要包括以下6个，如图7-10所示。

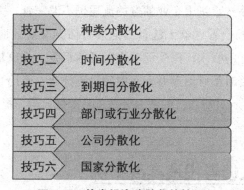

图7-10 债券投资分散化的技巧

（1）种类分散化：种类分散化是我们通常所说的"不要把鸡蛋放在同一个篮子里"。如果资金都投资于政府债券，尽管他们的偿付能力和信用高于公司债券，但投资者可能会失去从投资公司债券得到更高回报的机会。

（2）时间分散化：最好把资金分成几部分，选择在不同的时间购入债券，而不是一次性购入所有债券。债券价格往往起伏不定，难以预测，一次性购买大量债券很有可能会被套住。如果分阶段进行债券交易，可以避免被大量套牢的窘境。

（3）到期日分散化：如果投资债券的到期日过于集中，很有可能由于债券价格在同一时期内的连锁反应而亏损。有两种方法可以使到期日分散，一个是缩短持股期限，资金集中投入短期债券；二是期限多样化，将资金合理分配到短期、中期和长期债券上。

（4）部门或行业分散化：同样的部门或行业往往同气连枝，荣辱与共，一个利率下降，另一个很可能也随之下降。为了降低风险，投资者最好将投资的部门或行业分散化，既投资于新兴产业，也投资于传统产业。

（5）公司分散化：公司在不同的行业有不同的运营情况，即使是同一行业，不同公司的运营状况也存在差异。因此在选择目标企业时，既要包括大型企业债券，风险性较低、安全性较高；也要包括小公司，收益率较高。这种分散投资既安全收益又高。

（6）国家分散化：主要是针对国际债券市场而言，国际债券市场受政治因素的影响较大。经济、金融风险以及自然灾害的风险都是不确定因素。为了规避风险，投资者最好分散化在不同的国家或地区投资基金。

当前，我国的债券市场上企业债券的流通仍不够完善，大多数的企业债券不能进入流通市场，投资者也就无法自由地进行债券交易。而国债由于免征利息税、风险低以及稳定的收入，深受保守投资者的喜爱。无论是国债、政府债券还是公司债券，在投资时都可以遵循上文中的投资技巧，运用自己的专业性，重视关联性，提升流通性，并将自己的资金分散化，降低风险，提高收益。

7.4　年轻人债券投资实战案例

随着我国经济水平的不断提高，百姓的钱包也越来越鼓，人们逐渐意识到了投资和财务管理的重要性。对于那些没有财务管理经验，又不想把钱都存入银行的年轻人而言，投资于债券是最好的选择。那么，年轻人应该如何进行债券投资呢？是购买国债还是公司债？如何购买？购买时有什么注意事项？下文将对这些问题做出解答。

7.4.1　如何选择及购买国债

"早上7点，我就赶到这里排队，结果仍有很多人排在我前面。"徐女士花了两个多小时在银行的门口排队打算购买国债，"上一次我就没有买上，这一次还是想来碰碰运气，结果还没轮到我，国债又卖光了。"

2018年11月5日,财政部的官方网站宣布,第七、第八期国债将于11月10日公开发行。根据早前发布的2018年储蓄国债发行计划,此次国债是今年最后一批国债。其中,最大发行5年期的国家债券120亿元,这是最近几年中发行量最低的一年,抢购的难度也因此大大增加。各大销售点都出现了排长队的情况,销售异常火爆。

银行网点的工作人员表示,国债在过去的主要购买者多是老年人。因为销售的时间通常是工作日,年轻人没有时间购买,而且国债券的收益率不高,年轻人很少购买。但近几年除了老年人,很多年轻人也开始加入了抢购国债的队伍。

国债的品种丰富,有短期和中期的期限差异,利率计算上也有上文提到过的附息式和贴现式的差别,在形式上有无纸化的记账形式与有纸的凭证类型。面对复杂的债券市场,年轻的投资者们很容易失去方向。如何投资国债应该是年轻投资者应该掌握的技能。

年轻人投资国债应该根据个人情况安排债券的期限以及购买量。如果资金只在短期闲置,建议购买政府债券,方便上市流通。如果可以持有债券超过3年或更长时间,可以购买中长期的国债。期限越长的国债收益也就越多。

如果想要保证资金安全的最大化,可以购买凭证式国债,或者记账式国债。投资者可凭自己的身份证件在银行的柜台备案,备案之后一旦债券丢失可以前往银行柜台挂失。国债类似于银行的储蓄存款形式,但利率略高于银行存款。

国债的发行主体是国家,是所有的债券类型中风险最低的一种,它由国家信用担保,损失只会发生在国家破产的情况下,是最受欢迎的投资理财品种之一。

购买国债,首先要确定国债的发行时间。每年财政部都会公布国债的发行计划,内含国债的种类和发行时间。表7-1所示的是2020年的国债发行计划。

表7-1　2020国债发行计划

品种	期限/年	发行时间	付息方式
凭证式	3	3月10日	到期一次还本付息
	5		

续表

品种	期限/年	发行时间	付息方式
电子式	3	4月10日	每年付息一次
	5		
凭证式	3	5月10日	到期一次还本付息
	5		
电子式	3	6月10日	每年付息一次
	5		
电子式	3	7月10日	每年付息一次
	5		
电子式	3	8月10日	每年付息一次
	5		
凭证式	3	9月10日	到期一次还本付息
	5		
电子式	3	10月10日	每年付息一次
	5		
凭证式	3	11月10日	到期一次还本付息
	5		

2020年发行的国债分为凭证式与电子式两个种类，分别有3年期和5年期。凭证式是一种国家储蓄债券，有债权记录，可提前赎回，不能上市流通，按照购买的日期开始计算利息。电子式国债是一个"升级版本"是中国财政部发行的储蓄债券。以电子方式记录债权。

在购买的方式上，购买凭证式债券必须持个人有效身份证件去银行柜台实名购买，按照银行公布的时间，各大银行均可购买。相比之下，电子式国债更适合年轻人购买，只要开通网上银行的交易功能，在网上银行即可办理国债业务。

在未来，我国财政部发行的国债在期限上将会有更多的选择，3个月、6个月、1年、2年、3年、5年、8年。除了电子式和凭证式，还有记账式、无记名式等国债类型。年轻的投资者购买国债会变得更加方便。国债也有望成为成千上万的家庭首选的安全、增值的理财产品。

7.4.2 >>> 选择及购买公司债时的注意事项

投资一直是年轻人中最受欢迎的理财方式,"钱生财"的魅力使人沉迷其中。在现实生活中,最受欢迎的投资方式是股票、债券与银行存款。债券在三者之中收益与风险相对均衡。债券又分为国债、政府债券与公司债券。下文重点讲解购买公司债券的注意事项。

购买公司债券,首先必须考虑发行主体的信用评级。债券发行人的信用评级越高,风险越小,更有利于投资者。信用等级越低,债券的风险也就越大,尽管它的利率相对较高,但本金重要还是利率重要?相信投资者会做出正确的判断。

公司债券的风险因素大致有如下(图7-11)几种。

(1)利率风险。利率的变化影响债券的价格。当利率上升时,债券价格下降,风险也就随之而来。尤其表现在长期债券价格的变动上。

(2)流动性风险。流动性不佳的公司债券不能在短期内以合理的价格出售,投资人会因此遭受损失或失去其他高收益的投资机会。

(3)信用风险。发行债券的公司主体不能按时支付还本付息的风险。

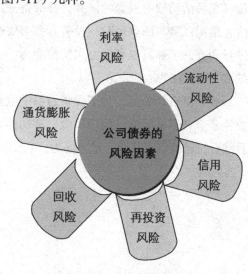

图7-11 公司债券的风险因素

(4)再投资风险。只购买短期债券会导致再投资风险。

例如,某5年期的公司债券利率是14%,某公司短期债券的利率是13%,投资者A某为了减小利率的风险,购买的公司债券全部为3个月的短期债券。

然而,3个月后,A某的短期债券到期收回现金和利息,此时市场上的利率降低至10%,再也找不到之前的13%的投资机会了。如果当初拿出一部分资金用于购买长期的公司债券,仍然可以得到14%的收入。

（5）回收风险。有些公司债券设置了可回收性条款，购买这种债券有被强制回收的可能，市场利率下跌，债券价格呈上涨趋势时，设置了回收性条款的债券可能随时会被发行主体收回，所以投资者在购买公司债券市一定要注意有无回收性条款。

（6）通货膨胀风险。当市场处于通货膨胀状态时，货币的购买力下降。在通货膨胀时期，投资者的实际利率应该是票面利率减去通货膨胀率的差。通货膨胀越严重，投资者的损失就越大。

为了规避利率风险、再投资风险与通货膨胀风险，投资者可以使用多元化的投资方法购买不同期限、不同类型的公司证券。对于流动性风险，投资者应尽量选择交易活动较为频繁的债券，并准备一定数量的现金在紧急情况下使用。为了防止信用风险与回收风险，投资者务必要选择一个信用良好的发行主体，对公司进行调查，了解其盈利能力和偿付能力，在持有公司债券的期间也应对公司的业绩多一些关注。

投资是有风险的，为了保护自身的收益，投资者们在购买公司债券时，一定要注意避开利率风险、信用风险、流动性风险、通货膨胀风险等常见的风险。并且结合自己的资产状况，量力而为。

第8章

基金理财：让专业人士帮你赚钱

善治财者，养其所自来，而收其所有余，故用之不竭，而上下交足也。

——（宋）司马光

随着人们收入的提高，尤其是白领一族收入的提高，人们的理财需求也越来越旺盛，股票、债券、保险、基金等理财工具百花齐放，一时让投资者眼花缭乱。很多投资者购买理财产品希望增加自己的额外收入，却往往事与愿违，这是因为投资者缺乏经验，不够专业的缘故。基金理财的出现帮助散户投资者们解决了这一问题。

投资基金理财由专业人士代为打理资金，投资于股票、债券等理财产品，既降低了个人投资者的风险，又提高了收益，备受散户投资者的青睐。

8.1 基金理财的相关概念

基金理财实际上是一种投资工具，投资者们将资金聚集在证券投资基金上，这笔资金由商业银行代为管理，由专业的基金专家决定这笔钱的去向，即用于何种投资。通过投资股票、债券或其他有价证券来获得收入。

对个人投资者来说，如果你有10000元的资金，但数量还不足以购买高门槛、高收益的理财产品，或者投资人没有时间和精力去选择盯盘股市或选择理财产品，那么购买基金，由专业人士代为打理是一个很好的选择。

8.1.1 ▶▶ 基金理财的投资优势

目前，基金是大多数投资者选择的理财方式，尤其是一些刚开始理财的年轻人，选择这种财务管理方式非常适合。虽然基金理财适用于大多数人，但一些人仍不免担忧，基金理财值不值得投资？下面将重点介绍基金理财的投资优势，帮助投资人对基金理财有进一步的认识。

> 一个基金理财获得超五成收益的真实案例。A先生家住四川宜宾，由于早年间的银行工作，A先生与基金接触的时间比普通投资者要早得多。为了资产的增值，经过深思熟虑后A先生开始在银行每月定投B基金。2006年10月19日，A先生投入2500元开始了基金定投。至2011年12月，A先生每月都会定投2500元进入B基金。

2012年1月,A先生的定投金额从2500元升至2800元。到2015年8月,定投金额提升至3000元。自2006年10月以来,A先生的申购总金额高达34.23万元。在这场近十年的基金投资中,A先生总共获得了超过50%的收益。

收益并不是基金理财唯一的优势,总的来看,基金理财的投资优势体现在三个方面,如图8-1所示。

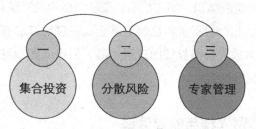

图8-1　基金理财的投资优势

1. 集合投资

基金理财的模式与股票、债券投资有本质上的不同。基金理财是一种集合投资的模式,它募集散户投资者,集成大笔资金,交由专业机构,把这笔钱投资于各种理财产品,将获得的收益再返还给散户投资者。基金投资门槛不高。投资者根据自己的经济能力购买适量的基金。一些基金甚至不限制投资的额度,根据投资份额返还投资的收益。因此,相比于专业性较强的股票和收益较低的银行储蓄,基金可以最大量地吸收投资者手中的闲置资金,参与证券投资,资本越多,优势也就越明显。基金的集合性是基金理财的优势之一。

2. 分散风险

基金的另一个显著优势就是科学的投资组合,在降低投资风险的基础上增加收益。分散投资以降低风险真的很有必要。然而,实现多元化投资需要一定的经济实力。对于散户投资者、小额投资者来说,因为资金有限,很难实现真正的多元化投资,基金解决了这个困难基金以其强大的集合资金,可以科学地投资所有理财产品,实现了风险的分散化,每个投资者所面临的投资风险也更小。

3. 专家管理

基金理财的专家管理体系是基金理财的第三个优势。这些职业的基金管理者受过专门的训练，有丰富的投资经验。他们可以敏感地察觉到基金和金融市场之间的密切关系，使用自身的经验和先进的技术来分析市场现状，预判各品种的理财产品在未来市场上的价格趋势，并最大限度地避免错误的投资决策，投资的成功率相比非专业人士有质的飞跃。专家管理帮助中小投资者解决了没有时间或不熟悉市场，缺乏投资决策能力而导致投资失败的难题。基金理财最大的优势就是可以利用专业人士的金融知识、操作技术、市场信息和投资经验。

通过以上介绍，相信投资者们已经对基金这一理财产品有了更全面的认识，这确实是适合绝大多数人参与投资的理财产品，但投入多少资金，还是要投资者根据自己的实际情况自行决定。

8.1.2 >>> 基金理财流程与收益计算

在了解了基金理财的投资优势后，下一步要介绍的是基金理财的流程。基金理财的运营管理流程分为三步，如图8-2所示。

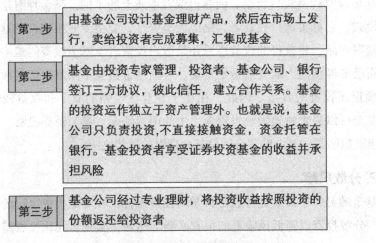

图8-2 基金理财的运营管理流程

基金收益由多种收益类型组成，不同基金的收益组成也不尽相同，常见的收益类型有红利、股息、债券利息、买卖差价，以及存款利息。

（1）红利：是购买公司股票所获得的公司的净利润分配。一般来说，公司股东红利分配有两种形式：现金和股票。基金理财的主要目标是为投资者获得长期、稳定的回报。红利是基金收入的一个重要组成部分。红利的多少是基金管理者在选择理财产品时的重要因素。

（2）股息：如果基金投资于公司的优先股，就有权得到公司的净利润分配。股息的分配比例会预先确定，与红利相同，股息的水平也是基金管理者选择投资标的因素之一。

（3）债券利息：如果基金投资于债券，就会获得债券的利息收入，《证券投资基金管理暂行办法》中明确规定，"基金投资于国债的比例，不得低于该基金资产净值的20%"。无论投资于国债、政府债券、还是公司债券，所获得的利息收入都是最后基金投资人所获收入的组成部分之一。

（4）买卖差价：与个人投资者一样，专业的基金管理者也会对购入的证券进行买卖，以获得更高的收益。这种差价利益也被叫作资本得利。

（5）存款利息：指基金资产存放于银行时得到的利息收入，只占基金收入的一小部分。开放式的基金投资者可以随时赎回，所以基金管理机构不得不在银行保留一部分现金，这部分收益也算作基金投资的总收益。

基金理财的收益计算有两种方法：内扣法和外扣法，计算方式如下。

（1）内扣法：

份额＝投资金额×（1－认购费率）÷认购当日净值＋利息

收益＝赎回当日单位净值×份额×（1－赎回费率）＋红利－投资金额

（2）外扣法

份额＝投资金额×（1＋认购费率）÷认购当日净值＋利息

收益＝赎回当日单位净值×份额×（1－赎回费率）＋红利－投资金额

二者的差异主要在于份额的计算方式，我国大部分的基金公司在计算收益时采用的都是外扣法，购买份额越多，对投资者越有利。投资者可以使用以上公式计算自己的投资收入，也可以使用网上的计算工具计算每天的收益。

8.2 如何进行基金理财赚取更多收益

继"炒股不如买房"的言论之后，金融圈里又开始流传"炒股不如买基金"。相比股市的跌宕起伏,基金的稳中有升确实增加了不少基金投资者的信心。同样是投资基金,为什么有的人可以赚到钱,有的人却屡屡受挫?如何进行基金理财才能赚取更多的收益,下文将针对这些问题给出答案。

8.2.1 基金理财的"4433法则"

目前,各种类型的基金产品充斥市场。为了快速挑选可以升值的基金,投资者可以尝试使用基金理财中的"4433法则"。

"4433法则"是一种挑选优质基金的方法。该方法全面考虑了长期和短期的基金性能。从"时间"维度挑选具有良好性能的优质基金。具体的挑选方法如图8-3所示。

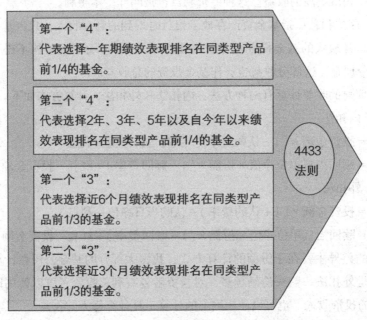

图8-3 基金挑选的4433法则

简而言之,考察基金的长期表现(3~5年)与短期业绩(3~6个月),通过严格筛选,选择出一只优质基金。筛选出一些符合标准的基金后,将这些基金作为自己的后续选择,对这些基金的性能进行比较,挑选出预期收益最好的基金。

"4433法则"筛选出的基金,也并非万无一失,因为"4433法则"筛查侧重于基金的历史成绩,这只显示所选基金可以经得起历史的考验,并不意味着未来的表现也可以出色。

举个例子,如果有这样一只基金,在过去某个阶段的成绩非常好,远超同类基金,满足了"4433法则"的筛选条件。投资者购入该基金就认为该基金会是"长跑健将",事实上,它只适合百米冲刺。

> 曾有投资者按照"4433法则"挑选出了3只优质基金,按照数据显示,这3只基金无论是短期业绩还是长期的表现都很突出,如表8-1所示。
>
> 表8-1 基金业绩
>
> | 证券代码 | 基金名称 | 2015.9—2015.12区间同类型基金排名 | 2015.6—2015.12区间同类型基金排名 | 2014.12—2015.12区间同类型基金排名 | 2012.12—2015.12同类型基金排名 |
> |---|---|---|---|---|---|
> | 590008.OF[①] | 中油战略新兴产业 | 76/1140 | 51/1052 | 14/739 | 1/521 |
> | 233009.OF | 大摩多因子策略 | 41/1140 | 520/1052 | 39/739 | 15/521 |
> | 519983.OF | 长信量化先锋A | 7/1140 | 70/1052 | 44/739 | 9/521 |
>
> ① OF是Out-The-Counter Fund,指场外交易基金。
>
> 如果按照"4433法则"挑选基金的话,就会买入这3只基金。遗憾的是,这3只基金在后来的表现平平,中油战略新兴产业基金,从2015.12至2018.9甚至下降了51.25%。

这说明了"4433法则"并不是一个万无一失的选择方法。一味地遵循"4433法则",仍然有可能产生损失。必须提醒投资者的是,基金业绩只代表过去,不代表未来。"4433法则"只能作为初步筛选的参考。购买之前必须从多个角度考察基金的质量,如基金公司的业绩、基金经理的能力等其他因素。

8.2.2 债券型基金投资技巧

专门投资于债券的基金称为债券型基金。根据中国证券监督管理委员会的规定，基金投资于债券的比例达到80%以上，属于债券型基金。在我国，债券型基金的主要投资标的是国债、金融债券以及公司债券。从投资目标，可以看出，债券型基金的投资风险低于股票，每年都会有一个相对固定的收入。

虽然债券型基金的投资风险低于股票型基金，但是不同的债券基金依然存在不同的风险。在了解债券型基金的投资技巧之前，投资者先要了解债券型基金的不同类型，并针对这些不同类型的基金应用不同的投资技巧。债券型基金可以进一步细分为4类，如图8-4所示。

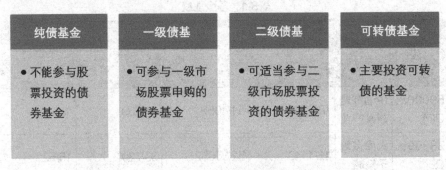

图8-4　债券型基金的4种类型

以上4种类型的债券基金，风险是不同的，按照风险等级依次为：纯债基金＜一级基金＜二级基金＜可转债基金，可转换债券基金风险等级最高。具体而言，投资债券型基金有以下投资技巧，如图8-5所示。

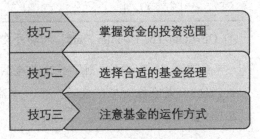

图8-5　债券型基金投资技巧

1. 掌握基金的投资范围

对于基金的投资范围，主要需要关注两点，即基金是否可转债券，以及基金是否能投资于股票。如果债券基金不投资于股票，其投资风险无疑是相对较小的，这一点无须赘述。接下来重点讨论基金是否可转债的意义。可转债是债券的一种，它可以转换为债券发行人的股票，票面利率较低。投资者可以这样理解：可转债基金是股票也是债券。在正常情况下，牛市中的可转换债券更多地体现出股票的特点；在熊市中，可转换债券更多地体现出债券的特点。因此，购买可转债基金就相当于购买了股票的债券基金。

2. 选择合适的基金经理

用最直观的形式来判断基金经理的能力，就是查看他的以往业绩。如果该基金经理管理的基金长期回报都不错，投资者就有理由相信，自己购入的基金在未来也会表现良好。这就像一个学生，在以往的每次考试中都名列前茅，在接下来的考试他就会有很大的概率保持高分的成绩。当然，分析基金经理的能力，除了以往业绩之外也可以考虑基金持仓和杠杆水平。这些因素最终也会反映在业绩上。

3. 注意基金的运作方式

基金的运作方式主要有三种类型，即完全开放、定期开放以及不开放的封闭型。对于投资经理而言，在基金的灵活性上，定期开放型基金与封闭型基金更加灵活，他们会在适当的时机将基金投资于债券。所以这两种债券型基金的长期收益明显优于开放型基金。

对于投资者而言，封闭与定期开放型基金的收益虽然较高，但也意味着不能随时赎回自己的基金。

综上所述，债券型基金的投资技巧是，通过掌握基金的投资范围，选择合适的基金经理与运营方式挑选出一只优质基金，债券型基金市场的风险与利率回报成正比。所谓的投资技巧也不过是帮助投资人在降低风险的基础上尽量取得较高的收益。

8.2.3 指数型基金投资技巧

> 2018年2月24日，北京时间晚9点左右，巴菲特公布了给股东的一封信。这封信的主旨围绕广为流传的"10年赌约"，最终有一个明确的结果。没有更多的悬念，指数型基金投资大获全胜。

简要回顾这个世纪之战。2007年12月,巴菲特发起了"10年赌约"押注500000美元,指定某慈善组织为受益人。如果巴菲特获胜,该组织可以得到所有的押注。赌约为10年期限,在不计算成本费用的情况下,标准普尔500指数基金比对冲基金的表现更好,那么就算巴菲特获胜。

巴菲特押注后,只有泰德·西德斯应对挑战。泰勒精心选择了5只基金,通过这5只基金在10年后超过标准普尔500指数基金的表现。

2017年是协议的第10年。这个赌注的最终成绩单如表8-2所示。

表8-2 "10年赌约"的最终成绩单

年份/年	母基金	母基金	母基金	母基金	母基金	标准普尔指数基金
2008	-16.5%	-22.3%	-21.3%	-29.3%	-30.1%	-37.0%
2009	11.3%	14.5%	21.4%	16.5%	16.8%	26.6%
2010	5.9%	6.8%	13.3%	4.9%	11.9%	15.1%
2011	-6.3%	-1.3%	5.9%	-6.3%	-2.8%	2.1%
2012	3.4%	9.6%	5.7%	6.2%	9.1%	16.0%
2013	10.5%	15.2%	8.8%	14.2%	14.4%	32.3%
2014	4.7%	4.0%	18.9%	0.7%	-2.1%	13.6%
2015	1.6%	2.5%	5.4%	1.4%	-5.0%	1.4%
2016	-3.2%	1.9%	-1.7%	2.5%	4.4%	11.9%
2017	12.2%	10.6%	15.6%	N/A	18.0%	21.8%
最终收益	21.7%	42.3%	87.7%	2.8%	27.0%	125.8%
平均年收益	2.0%	3.6%	6.5%	0.3%	2.4%	8.5%

在2017年,巴菲特选择的指数基金上涨了21.8%,而表现最好的对冲基金收益率18%。在赌约的10年期间,标准普尔500指数基金收益高达125.8%。对冲基金最好收益为87.7%。

指数基金的特点是长期回报的稳定性与频繁的短期波动。长期持有指数基金可以得到约10%的年平均收益,但期间的波动非常大。投资指数基金必须持有很长时间,投资人需要承担巨大的波动压力。这使得大多数人对指数基金望而却步。下文将重点介绍指数型基金的投资技巧(图8-6),帮助投资者获得长期的收益。

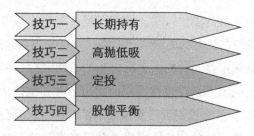

图8-6 指数型基金的投资技巧

1. 长期持有

像巴菲特一样长期持有指数型基金,投资人必须要有足够强大的精神力量去承担巨大的波动。我国2006~2007年的牛市,半年内上海证券综合指数从6124点跌至1664点,2015年从5178的最高点直接跌至2638。长期持有指数基金最困难的事情就是熬过下跌期,这需要投资人有足够的信心和耐心。坚持下去普通人也可以像巴菲特一样盈利。

2. 高抛低吸

如果长期持有对于普通投资者的难度太大,那么可以尝试高抛低吸,行情高涨时卖出,行情下跌时买进,并非只适用于指数型基金,所有的证券投资交易都普遍采用这一买卖技巧。这种投资技巧可能要耗费投资者大量的时间和精力去关注市场行情,预测失败还会导致亏损,建议保守型的投资者不要使用这一投资技巧。

3. 定投

定投是最近几年最为热门的指数型基金投资策略。即定期买入指数型基金。正常情况下,定投的技巧默认与技巧一搭配使用,即"定投+长期持有"的投资模式。它的收益情况如图8-7所示。但这种长期持有又要承担心理压力,在实践中,人们对此进行了优化。

图8-7 指数型基金定投收益情况

定投需要搭配一个好的卖出策略，才能形成一个好的解决方案。一个简捷的策略是：定投并坚持长期持有的固定资产投资，一旦账户利润达到100%，卖出仓量的一半，留一半继续定投。业内人士称之为"长期定投，翻倍减半"。当然，投资人可以根据自己的实际情况设置不同的卖出条件，例如达到50%的利润就卖出，而不是达到100%。只要投资者达到预期水平的回报，就会有一种成就感，这将带来巨大的心理优势。此外"长期定投，翻倍减半"的策略也充分考虑了我国股市的巨大波动性。

4. 股债平衡

即保持购买的指数基金与债券基金的平衡。设定一个固定的股债比例，一旦超过这个比例就对自己的理财投资进行调整。投资者可以根据自己的资产状况、风险承受能力设定自己的股债比例。稳健的投资者可以设定50∶50的投资比例，保守的投资者可以将股票的比例降低至30%左右。股债平衡的投资技巧与定投相比有三点不同。

（1）股债平衡策略基于当前的财产状况做出投资配置，未来的增量资金也可以按照这个比例投资于股票与债券基金。定投则是只安排未来的增量资金，对投资人当前的资金没有详细的规划。

（2）固定比率的股票债券平衡策略使得投资人投资股票和债券的比例保持在一个平衡的范畴内。这是一个更合理的资产配置安排。而定投在一开始，股票的比例非常小，随着固定数量的投资增加，投资在股票上的比例也逐渐增加。几年后，股票的比例可能会太大，即使是一个保守的投资者也会承受股市的风险。这是不合理的资产配置。

（3）如果在定投的初期，正逢牛市，而投资者过于保守投资股票的比例太小，也会损害投资人的收益。

由此可见，股债平衡的投资策略是一种全周期的指数型基金投资策略，投资者只要按照预定比例被动地执行就可以获得很好的收益，这种不依赖主观决策的投资方式非常适用于新手投资者。

遵从以上的投资技巧并不代表着可以从指数型基金中获利，投资理财不仅仅是一种认知策略上的问题，更涉及投资者的心态问题。在掌握以上投资技巧的同时，更需要投资者调整好自己在投资时的心态。

8.2.4 >>> 如何规避基金的风险

> 2015年的股市牛市,国人都在谈论股票和基金,对股票市场跃跃欲试,肖一听朋友说买基金赚了很多钱,自己也想进入基金市场大捞一笔。但当时的肖一甚至不知基金为何物,就盲目地购买了两只基金。其中的一只股票型基金还是新推出的产品。
>
> 很快新基金的利润达到30%,肖一兴奋得睡不着觉,他觉得基金市场是自己人生的新大陆。如果继续购买更多的基金,自己很快就能到达人生巅峰。于是肖一追加了5只基金,把工作以来积攒的所有积蓄都投入了基金市场。
>
> 对股市稍有了解的投资者可能已经猜到了故事的结局。很快股市崩盘开始了,基金市场同样受到了牵连,肖一购入的所有基金全线下跌,之前的利润全部回吐,甚至损失了40%的本金。肖一发誓再也不碰基金了。

投资者们应该都知道,基金投资是有风险的,但并不能因小失大,不能因为有风险就放弃投资。在这种情况下,如何最大限度地规避风险,实现基金投资的预期效益成为基金投资者最需要考虑的一个问题。有效地规避基金的风险,可以从以下六点入手,如图8-8所示。

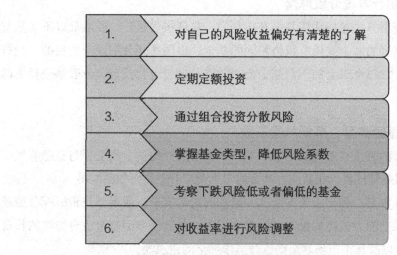

图8-8 如何规避基金的风险

1. 对自己的风险收益偏好有清楚的了解

了解自己的投资偏好是基金投资的第一步。投资偏好除了个人的性格因素外,更应该理性地审视自己的工作收入、消费支出、个人年龄和在未来几年可能发生的重大支出(结婚、买房、买车等)。只有当投资人对自己的状况有了透彻的了解,才能更好地确定自己可以承受何种等级的投资风险。如果投资人的资金状况良好,市场的短期波动不会影响正常生活,在这种情况下,投资者可以选择一些股票基金等投资风险与回报都比较高的理财方式。如果情况相反,有必要考虑稳健的债券基金、货币基金,再搭配一些高风险的基金提高收益率。

2. 定期定额投资

"高抛低吸"是一种进行基金交易的好策略,但是没有人可以保证自己可以在最低点买入,最高点卖出。因此,常规的定投是最适合普通投资者的投资方法。如果市场的长期趋势是乐观的,基金定投可以帮助投资者在市场价格的低点购买到更多的基金,长此以往,投资收益不会低于市场的平均水平。

此外,基金定投坚持定期定额,强制投资人进行投资。由于波动小于股票,短期利润将会很高,建议投资者的定投期限至少在5年以上,10年更好,如果定投期限达到了20年,投资者的收益将会很可观。基金的定额投资越多、投资期限越长,最后得到的收益也就越多。

3. 通过组合投资分散风险

普通投资者只是希望购买基金获得利润、降低投资风险,所以最好不要重复购买同一种类型的基金或投资风格相同的基金,以便达到分散风险的目的。投资者可以选择3个或3个以上的不同基金公司的产品进行组合投资,分散基金投资的风险。

4. 掌握基金类型,降低风险系数

不同类型的基金有不同的风险水平。投资者选择的基金类型要与自己的风险承受能力、财务管理目标相适应。基金的常见类型有七类,如图8-9所示。

其中,保本基金保证投资本金在一定期间内的安全。股票型与积极配置型基金适合风险承受能力较高的投资者,保守配置与普通债券型基金适合稳健的投资者。短债基金以及货币市场基金则适合当作现金的蓄水池。

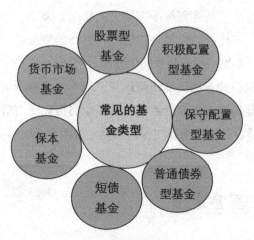

图8-9 基金的常见类型

5. 考察下跌风险低或者偏低的基金

一般来说,评判基金的风险水平通常是检查过去的业绩走势。最常用的指标是净值波动幅度与下行风险系数。

净值波动幅度,指的是基金的偏差程度(周/月)与回报率(周/月)在过去的一段时间内的差距。下行风险则是指基金走势下跌的可能性。

> 例如,甲基金与乙基金的长期业绩不分上下,但甲基金的净值起伏大,乙基金则一直是一个小规模的攀爬。从长远来看,甲基金的净值波动幅度绝对大于乙基金。持有甲基金的投资者将要承受净资产大幅波动的风险。
>
> 量化的净值波动幅度不足以评判一只基金的好坏,因为波动幅度大难以判断是正向波动还是负向波动,这时就需要用下行风险系数作补充判断。
>
> 例如,当前市场处于熊市,甲基金与乙基金同样将面临亏损的风险。当甲基金损失小于乙基金时,说明甲基金的下行风险较小。对于投资者而言,下行风险较低的基金更为安全。风险承受能力较低的投资者,要注意选择下行风险较低的基金。

6. 对收益率进行风险调整

根据经济学家的理论研究,风险的大小对基金投资的表现有重要影响。以基金的回报率作为基金质量的评判标准有很大的缺陷。例如，一只表现良好的基金风险性往往也更高，不代表基金经理在管理有更高的管理能力，业绩不佳的基金可能是低风险基金，不表示基金经理的管理能力不佳。

虽然以上规避风险的方法不能消除风险，也不能准确预测未来，但它反映了基金运营过程中潜藏的隐患。投资者在选择基金时可以更有针对性地全方位衡量基金的资质。而不是盲目地追求高回报的基金，这才是正确的基金投资方法。

8.3 稳健的基金定投

基金定投顾名思义，就是指定时的用一定数量的资金投资于基金，平摊投资成本，分散风险，是一种长期的投资方式。上文中已经涉及了基金定投的相关内容，但并没有做详细的介绍。下面将针对基金定投的优势与基金定投的技巧作重点说明。

8.3.1 >> 采用基金定投的优势

对于许多尚未接触到投资和财务管理的人来说，他们会觉得理财的门槛高、风险大。事实上，这是不正确的。基金定投，就是低风险与稳定收入的代表。基金定投相比其他投资方式有哪些优势？下面的两个例子，可以给出答案。

> 案例一：2018年1月，苹果每斤10元，赵小刚花10元买了1斤苹果，2月份的时候，苹果的价格降至每斤5元，赵小刚同样拿出10元买了2斤的苹果。有些人误认为赵小刚购买苹果的平均价格为（10+5）÷2＝7.5元，但是实际上赵小刚购买苹果的成本是（10+10）÷3＝6.67元。这个买苹果的例子形象地解释了固定投资稀释成本的优势。
>
> 案例二：长期地进行基金定投真的能够赚钱吗？答案是肯定的，但前提是选择的基金质量不能太差。
>
> 以沪深300指数基金为例，从2013年5月到2018年5月。每月的11日，投资500元在银华沪深300指数基金上。定投期限为5年，跨越了2015年的牛市

和2016年的股市崩盘，总计投入了30000元，5年之后收益率为21.15%。收益完全碾压了银行的利率。

上面的两个例子显示了基金定投成本低、收益高的优势。但基金定投的优势显然远不止这些，总的来看，基金定投有以下四大优势，如图8-10所示。

一	成本均摊、风险分散
二	强制储蓄
三	复利效应
四	手续简单、起投门槛低

图8-10　基金定投的四大优势

1. 成本均摊、风险分散

基金定投最为显著的特点是多批次与小额度。无论是牛市还是熊市，长期的购买成本是均匀分配的，自然分散了投资的风险。与此同时，由于基金是分为批次购买的，没有必要过于纠结进入市场的时机是否恰当。

举一个简单的例子。假设某投资者每月用1000元进行基金的定投。当市场价格上涨时，基金的价格较高。在这个时间段，1000元购买的单位数量相对较小。当市场价格下跌时，基金的价格较低，1000元购买到的基金单位数量将会更高。

通过这种方式，总投资实际上是由大量的廉价基金和少数的高价基金组成的。总的平均价格就被摊薄了，自然可以减小损失的风险。

2. 强制储蓄

对于刚刚踏入社会的年轻白领来说，"月光"可能是大多数人生活的常态。定投的属性之一是强制储蓄，即在每个月的固定日期，将固定金额的钱转入基金账户。一方面，基金定投帮助年轻的白领一族不知不觉地攒下了一笔钱；另一方面，有利于帮助年轻人养成理财习惯。

3. 复利效应

固定资产投资的基金可以实现复利的效果。每次定投得到的利息将作为投资主体继续生成利息。复利的力量被应用在投资领域，即使收益率为1%，长期下去也会有巨大的收益。时间越久，复利的效果就会越明显。

4. 手续简单、起投门槛低

只需办理一次，确定好定投的金额与日期，后续的定投会自动跟进，投资者只需要确保银行卡有足够的资金。此外，固定投资准入门槛低。支付宝中10元即可开启定投。资金不够充足的年轻朋友也可以轻轻松松地理财。

以上4种优势是基金定投超越其他基金投资方式之处，希望这些内容可以帮助投资者深化对财务管理知识的理解，并能帮助白领一族在基金投资领域更好地开展自己的基金投资计划。

8.3.2 做好基金定投的3个诀窍

投资者们是否记得《射雕英雄传》的"傻姑"这一角色。傻姑本是黄药师弟子的女儿，因为目睹父亲的惨死而变得疯疯癫癫。黄药师怜悯她，教了她三个简单的招式，傻姑凭借着这三个招式行走江湖，鲜有对手。基金定投也有三个诀窍，学会了这三个诀窍，投资者们也可以成为基金投资领域的高手。

以沪深300指数为例，假设投资者定投期限分别为1年、2年和3年，投资收益如图8-11所示。

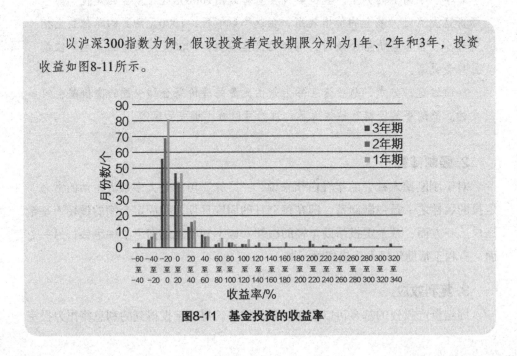

图8-11 基金投资的收益率

在图8-11中,横轴显示的是投资的收益率,纵轴显示的是月份数。假设有120个人在过去的10年中接连开始了定投,那么每个人都可以在表8-3中找到相对应的收益率。从表8-3中可以看出,无论定投的期限有多长,收益率大多集中在-20%~40%之间。随着时间的增加,获得负回报的概率越来越小,获得高回报的概率则会越来越大。将测试结果加以整理,可以得到表8-3中的数据。

表8-3 定投收益

定投期限/年	平均收益率/%	平均年化收益率/%	负收益率占比/%	正收益率占比/%
1年期	7.55%	15.67%	52%	48%
2年期	18.99%	18.99%	48.47%	51.53%
3年期	30.16%	19.21%	40.40%	59.6%

从1年到3年,正回报率的比例逐渐增加。但1年期只有48%的概率赚钱。随着时间的增加,正回报率逐渐占主导地位。我们可以据此得出结论,正常情况下基金定投的时间越长,年化回报率也就越高。

1. 延长持有期

基金的定投必须持续足够长的时间。这一点已经强调了很多遍,接下来用图表的方式更直观地呈现长期定投的效果。

2. 及时止盈

曾经有投资者定投了沪深300指数基金3年,赚了80%,然后不幸遇到了股市崩盘,吃掉了大半收益。再看表8-3,如果定投期限是3年,收益大概率分布在-20%~40%,超过40%的可能性很小。这意味着如果投资者定投沪深300指数,3年的收益率超过了40%,应该及时止盈,重新配置自己的基金投资计划。

3. 测算最佳定投频率

基金市场的行情存在一定的惯性。针对这一特性,投资者可以利用网上的基金定投收益计算器(图8-12)确定最佳的定投频率。

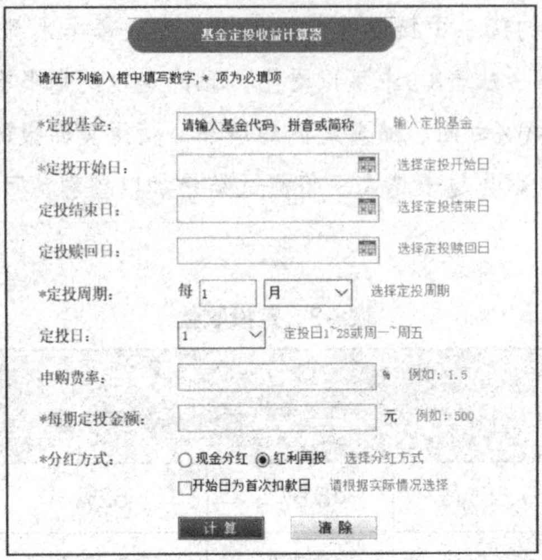

图8-12 基金定投收益计算器

图8-12所示的每周定投一次的收益率(为4.34%)。通过计算可知,两周定投一次的收益率为4.73%,三周定投一次的收益率为4.09%,这表明针对当下的市场行情,双周定投的收益率最高。投资者可以每个季度测算一次最佳的定投频率,修改自己的定投方式。

第 9 章

》黄金与外汇投资：资金保值

始终遵守你自己的投资计划的规则，这将加强良好的自我控制。

——（英国）伯妮斯·科恩

长期以来，黄金除了用于装饰，更是一种高价值的投资工具，是一种独立的资源，在任何国家地区都不受交易的限制。又因为黄金本身的有限性，因此，投资黄金通常可以保持稳定的增值。外汇投资是指不同货币之间的交换行为，投资者从币种的交换中获得投资收益。二者都是实现资金保值的有效措施。

9.1 黄金与外汇理财的优势

投资理财的方法逐渐增多，投资者的财务知识也应加强。黄金投资、外汇投资进入了投资者的视野。

相对于债券、股票等投资方式，黄金和外汇理财的市场更为广阔，具有更大的操作空间，这也大大扩展了投资者的"可用武之地"。从理财的角度看，黄金具有资金保值的优势，外汇的作用更多地体现在平衡汇率的变化。

9.1.1 >> 黄金理财：抵御通胀

> 邵小刚是一位私人企业家，尝试了许多类型的理财产品，如股票，债券等。甚至和朋友一起涉足了古董的收藏，但在投资的成效上，邵先生总是感到不满意。
>
> "我的股票现在被股市套牢了。古董收藏上由于不够专业也被人欺骗了好多次，收益与亏空相差无几。"邵先生不无遗憾地说。
>
> 什么理财产品既能保值又能增值呢？思来想去，邵先生想到了黄金。2017年，邵小刚买了10千克的黄金，价格每克260元左右，在黄金价格上涨到每克297元时卖出，净利润370000元。2018年，他又买了10千克的黄金，等待价格上涨伺机出手。
>
> 邵先生说，黄金交易的诀窍是为自己设置一个心理价位。到了这个价位，就要抛出手里的黄金，等到黄金价位比较低时再购入新的黄金。

在当前股市和房市调整、收益减少的情况下，投资者们可以利用黄金抵御通货膨胀，实现资产的保值增值，适当地分散投资风险。

黄金理财之所以可以抵御通胀，是因为它的货币属性。历经了朝代更迭的收藏者们有这样一句公认的收藏原则"乱世黄金、盛世玉。"这从一定程度上体现了黄金的保值性。很多人投资黄金不是为了获得升值，只是在高通胀的情况下保值。国家经济不可避免地会由于种种因素而产生波动，高速的经济发展下高通胀也相伴而生。其他投资虽然可以保护资产，平均收益率却不能跟上通货膨胀率，黄金可以有效地避免这个问题。

首先，我国的黄金交易价格以人民币为单位进行报价，使普通的国内投资者能直接参与投资，避免了外汇转换的风险。如果使用国际共同的美元为报价单位（欧美市场通用美元为报价单位），需要进行汇率的转换，以盎司为价格单位（1盎司＝31.25克）。这种表达方式显然不适合国人的表达习惯。因此，我们当前的国内黄金交易直接使用人民币定价，更符合中国人的习惯。

其次，黄金市场的交易规则类股票相对简单又方便操作。采用国际上成熟的交易规则，市场操作更具公平性。目前，我国的黄金交易模式是由上海黄金交易所和部分银行充当作市商（图9-1），黄金投资者在这场交易中则需承担金价波动的风险。

数据统计（截至日期：20181119）

上海金早盘价（元）	273.81
上海金午盘价（元）	/
机构投资者（户）	12269
个人投资者（万户）	977

图9-1 上海金交所黄金报价

黄金理财，是一种低风险的投资方法，可以获得相对稳定的收入。当前的大多数理财产品的收入似乎只是略高于银行利率，远高于银行利率的投资产品风险性又太大。投资者的收入很可能赶不上通货膨胀的水平。未能跟上通货膨胀的水平就意味着资产的缩水。正如上文提到的，投资黄金是最好的反通胀措施。投资黄金，短期收益率可能不大，但是长期的抵御通胀作用还是显而易见的。

9.1.2 >>> 外汇理财：平衡汇率变化

随着我国综合国力的增强、国际地位的提高，外汇已经逐渐进入了国人的日常生活，外汇的使用已从过去的出国需要延伸至外汇理财。最传统的外汇理财是根据银行的汇率，买卖外汇，根据汇率的变化赚取其中的差价。

汇率是指一个国家的货币和另一个国家货币的兑换比例。因为两个国家的货币不同，价格也不同，需要被转换成等价的，才能进行交易。汇率的变化会影响理财产品的收益。而由于外汇涉及两个国家的贸易往来，在国家上的影响较大，所以汇率的变化不大，一直在一个平衡的范围内上下波动，这种平衡的汇率变化使得外汇理财产品具有资金保值的作用。随着国力的增强、本国货币的升值，外汇理财可在保值的基础上获得稳定的收益。

外汇理财产品针对的是可以自由兑换的外国货币。总的来看，外汇理财有两种类型，如图9-2所示。

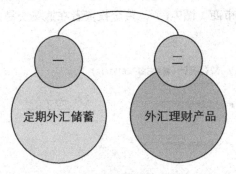

图9-2　外汇理财的类型

1. 定期外汇储蓄

定期的外汇储蓄对投资者来说是最常见的外汇理财选择。因为平衡的汇率变化，风险较低，年度收入稳定，兼具一定的流动性与预期年度盈利的能力。不同的外币储蓄将有不同的年化利率。由于不同币种的汇率不同，汇率又是不断变化的，所以投资人可以使用自己的理财知识选择升值潜力高的外汇储蓄币种。

2. 外汇理财产品

外汇理财产品的收益可以与预期年化利率稳步上升的国际市场同步上升。目前许多国内的外汇理财产品短期类型较多，预期年化收益率也比较高。相比定期外汇储蓄，购买外汇理财产品的投资者可以保持较高的资产流动性与稳定的利润。目前，我国的多家银行都推出了类似的外汇理财产品，即使没有专家的帮助，投资者也可以根据自己的喜好选择，获得较为稳定的收益。

虽然外汇理财可以保值，但若想更好地实现增值，在选择外汇理财产品时，投资者应注意以下几点。首先，了解自己，想清楚财务管理的目的，然后付诸行动。其次，理解产品，尽量选择熟悉的外汇理财产品。例如，如果熟悉外汇、可以直接选择挂钩汇率的理财产品。如果没有任何背景知识，可以详细询问银行理财规划师。最后，了解金融机构，每个银行的特点和专业的服务也是不同的。

9.2 黄金理财技巧及注意事项

每个人都想通过黄金理财赚钱，但通常只有那些谨慎、有想法的投资者才可以赚到钱。黄金理财被套是非常常见的事情，下文将重点介绍一些黄金理财的技巧与注意事项。首先要了解黄金理财的基本类型，其次要抓住恰当的交易时机，发现损失的原因并制定相应的解决方案，最后总结黄金理财的经验教训，避免重复同样的错误。通过以上做法，可以减小风险的可能性，从投资中获利。

9.2.1 常见黄金理财基本品类

2018年，国际黄金价格波动不断，黄金理财的业内人士表示，对黄金的市场价值预期仍然持乐观态度。很多人都在投资黄金。选择何种类型的黄金理财是困扰很多初学者的难题。常见的黄金理财基本类型有4种，如图9-3所示。投资人可以根据不同理财类型的特点选择适合自己的理财产品。

图9-3 常见的黄金理财基本类型

1. 纸黄金——适合入门级投资者

纸黄金，通过账面系统买卖，收益于黄金价格的上涨。一般来说，纸黄金更适合刚刚进入黄金理财领域的投资者。

一是因为纸黄金投资的启动阈值很低。例如，很多银行的纸黄金业务10克起投，就可以进行黄金投资。上海金交所的纸黄金100克起投，起步资金需要结合实时的黄金价格来确定。

二是因为操作方便。投资者开通一个贵金属交易账户，即可进行纸黄金的买卖。此外，纸黄金24小时不间断交易模式和T＋0交易方法（图9-4），为上班族提供了充裕的时间来管理财务。

T+0，是国际上普遍使用的一种证券交易制度。凡在成交当天办理好价款清算交割手续的交易制度，就称为T+0交易

图9-4　T＋0交易方法

值得注意的是纸黄金有交易成本，当买卖纸黄金时，由于银行同一时间的买入卖出价并不相同，存在"点差"，可以看作是纸黄金的交易成本。

2. 黄金ETF基金优势多

目前，市场上推出许多以黄金为标的的基金产品，这种基金产品的投资者间接投资黄金市场，有效分散了黄金投资的风险。相对于其他黄金理财类型，黄金ETF最大的优势是交易成本和交易门槛都低。黄金ETF通常以1克作为基金交易单位。

此外，黄金ETF也可以与实物黄金相勾连。当ETF积累得足够多，可以于上海金交所兑换实物黄金。与此同时，黄金ETF也可以依靠黄金租赁收取利息。如"华安黄金ETF"将投资人名下三分之一的黄金出租，出租的利息不仅对冲管理费，还能赚取额外的收益。

3. 实物黄金的避险功能突出

相当数量的投资者使用黄金产品（金条、金币、黄金饰品等），作为自己的投资标的。这是因为实物黄金具有独特的变现、保值功能，可以抵御通货膨胀的危机。此外，黄金产品也兼具纪念、收藏价值。

实物黄金产品多样化，在众多的实物黄金产品中，黄金交易所的实物黄金投资成本最低。目前，许多商业银行已经推出了自己的品牌金条。

例如，沃德投资金条的发起银行是交通银行，分为两种类型：经典款与生肖款。重量10～1000克不等。投资者如果希望在未来兑换成现金，依靠有效的身份证明，原始发票等，可通过指定回购途径接受银行的回购。

熊猫金币（图9-5）也可视为实物黄金投资的最佳选择之一。熊猫金币被认为是世界上五大投资金币之一，颜色、规格稳定，品质有保障，知名度高。

图9-5　2018年发行的熊猫金币

4. 长期投资选择黄金定投

每月在固定时间，用固定数额的资金购买上海黄金交易所的黄金。类似于基金的固定投资。黄金定投也有投资风险，短期波动较大，适合投资者在相对较低的价位点买入，并坚持长期投资。

黄金的定投与基金的现金赎回方式不同，当合同期满时，可以转化为现金的价格或相应的价格的金条和黄金首饰。

不管选择什么类型的黄金理财类型，都要注意控制购入量，不建议投资者大量购买，或者以批量购买的方式购入。除了关注银行官网的黄金价格，投资者也可以登录一些贵金属平台投资黄金理财产品，但必须选择正规的网站，以确保资金的安全。

9.2.2 ▶▶ 黄金买卖时机3大判断方法

> 乔纳森·米勒是一位有经验的大宗商品交易员。2014年1月,他注意到黄金价格上升的潜在趋势。作为一名职业交易员,乔纳森·米勒计划进行全面的分析,寻找买入机会。
>
> 2014年1月6日,乔纳森发现一些实质性的利好信号,其他技术指标也都显示出牛市逆转的迹象。相关的一系列与经济相关的数据,将在1月6日公布。乔纳森决定等待结果公布之后,再开始购买黄金。
>
> 服务业采购经理人指数显示,美国12月服务业PMI指数为55.7点,与上月相比下降了。服务行业的不乐观数据是一个黄金的看涨信号。美国制造商的订单也没有达到预期的订单量。
>
> 获得看涨信号后,乔纳森以每盎司1240美元的价格购入了黄金,计划在每盎司1330美元时卖出。几天后,美国非农就业人数比预期更糟糕,黄金的价格达到了每盎司1265美元。乔纳森无风险地继续持有。黄金价格持续升高,直到3月3日,达到了每盎司1340美元。乔纳森果断地卖出了黄金,获得了超过预期目标的收益。

从上文的例子中,我们可以看出,黄金买卖最重要的就是时机。购入的价格越低就越有可能获得高的收益。以下3种黄金买卖时机的判断方法可以帮助投资者抓住黄金交易的最佳时机,如图9-6所示。

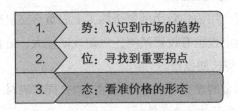

图9-6　3种判断黄金买卖时机的方法

1. 势:认识到市场的趋势

首先,在黄金投资中最重要的一点就是发现市场趋势是向上还是向下,并确定市场趋势涉及的时间框架与交易周期。在确定市场趋势前,必须有一个时间限制,所以,投资者需要先定义自己的交易周期的期限。

然后,投资者可以使用K线、趋势线等指标,确定市场趋势是向上还是向下。当市场处于明显上升或下降的波动时,通常是投资的最佳时机,因为趋势是连续性的,在连续性的上升、下降中进行买入和卖出的交易,往往会产生更大的收益。然而,值得注意的是,在市场经过一段时间的波动后会保持一个态势慢慢趋于稳定,有必要在市场的下行趋势前卖出。最好的方法是采取分批交易的投资方式。

2. 位:寻找到重要拐点

黄金市场的重要转折点也是非常好的买卖时机。当一段时间内的市场走势一直保持一个趋势,它肯定会发生逆转。因此,在这个转折点进行交易是非常大胆的盈利方式,尤其是在一些重要的支持或阻力点上进行买卖交易,总是会有更高的回报。但这样的时机通常具备很大的风险,它要求投资者有一定的市场敏感度和一定的黄金投资经验。

3. 态:看准价格的形态

在发现重要的转折点后,不要立即进行交易。价格突破重要的支持和阻力位置后,会出现一个或几个明显的形态,这也是上佳的交易机会。这种形态有蜡烛的形状、平均线形状等其他形态,有明显的高低点。低点买入,高点卖出,可以获得较大的收益。

大多数事情,掌握了时机往往可以事半功倍,以上3种方法可以帮助投资人挑选出适合的买卖时机,增加黄金投资的收益率。但价格趋势的上升与下降,还是要由投资人自己做出判断。

9.2.3 现货黄金与纸黄金投资技巧的不同

现货黄金即期交易,这意味着交付完成后,可以在当天或者几天内完成现货的交割。现货黄金由黄金公司建立交易平台,开展网上交易,是投资与财富管理的一种类型。现货黄金被称为世界上最大的股票。因为它的交易量巨大,每日20万亿美元左右。没有哪个财团和机构可以操作这样一个规模巨大的市场,完全依靠市场调节。

纸黄金则是一种黄金证券。投资者买卖虚拟的黄金，记录在银行的账面上。个人投资者可以赚取黄金价格的波动差价。把握国际黄金价格是纸黄金投资的关键。纸黄金的交易记录只反映在银行的账户上，并没有真正的黄金交付。

现货黄金与纸黄金有很多不同之处，如交易制度、交易规模的不同。这些性质的不同导致了二者投资技巧的不同。在现货黄金的交易中，最重要的是平台、资金、投资者的操作与投资者的心态，如图9-7所示。

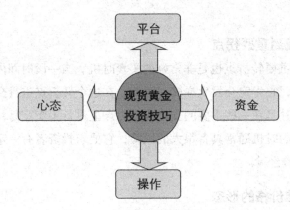

图9-7 现货黄金投资技巧

（1）平台

现货黄金的交易选择一个正规平台极为重要，正式的平台通常具有稳定性、无滑点等特征，虽然佣金和手续费用较高，但相比一些违法的黑平台操作卡顿，甚至无法提取黄金的情况，手续费用就显得无足轻重了，毕竟最佳投资时机一旦错过了就可能永远地错过了。投资者切莫因为佣金的小利影响自己的投资收益。

（2）资金

现货黄金的投资有亏损的风险。事实上，只要购买理财产品，盈亏是正常的事情，没有只盈不亏的理财产品，建议投资人用自己的闲置资金进行现货黄金的投资。控制好购入量，设置好止损线，确保一旦投资发生亏损，不会影响正常的家庭生活。

（3）操作

操作需要投资者及时关注影响黄金价格的因素，注意黄金市场的价格趋势，不能过分依赖专家的意见，要有自己的思考。也绝对不能把自己的交易账号让给别人帮你进行现货黄金的交易操作。

（4）心态

投资现货黄金等贵金属的主要技巧是控制心态，不因利润而喜形于色，也不因亏损而垂头丧气。很多投资者投资现货黄金玩的就是心跳，止盈和止损同样重要。损失时不惊慌，冷静对待，赚钱时，不能贪婪。一旦达到预期目标就毫不犹豫地抛出。

相比现货黄金的只找买卖进出点位、随买随卖的特点，纸黄金可以通过低买高卖，获取差价利润，这种盈利模式有以下投资技巧，如图9-8所示。

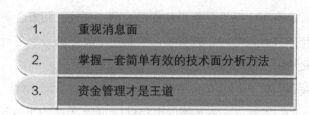

图9-8　纸黄金的投资技巧

1. 重视消息面

投资者可以使用各种咨询机构或专家公众号等了解黄金市场的消息。纸黄金价格与国际黄金价格挂钩，黄金是全球通用的金融储备，没有幕后的经销商。纸黄金价格的历史趋势告诉我们，可能会导致纸黄金大波动的原因只有战争、暴乱等政治因素。纸黄金的投资者必须密切关注这样的新闻，如战争爆发、恐怖袭击等。此外，美国的经济走势会对纸黄金的价格起反向作用。

2. 掌握一套简单有效的技术面分析方法

有许多纸黄金交易技术分析方法。投资者可以选择适当的组合作为辅助工具。例如，4小时图的RSI（相对强弱指数）配合MACD（异同移动平均线），可以为投资者提供稳定的价格指导。

3. 资金管理才是王道

纸黄金投资的过程中，投资者永远不能控制黄金市场的价格趋势，但可以通过对价格趋势的预测以及持仓量的控制，10次交易中，即使失败了6次，只要损失控制在20%内，其余4次交易的成功就可以用来弥补损失。

综上所述，现货黄金投资的主观性选择作用较大，投资相对简单。纸黄金的投资操作更为专业，需要学习的理财知识也更多。人们常说，梦想和现实总是有差距的。投资者们的梦想总是很美，现实却往往残酷。除了在实践中总结经验，有针对性地应用投资技巧外，追求合理的收益率才能实现长久的收益，在这一点上，无论是现货黄金还是纸黄金都一样。

9.2.4 >>> 黄金投资最忌频繁短线操作

黄金与人类社会和经济发展的关系，可以追溯到遥远的古代。在人类文明进化的历史中，黄金有两个属性：货币和商品。到了现代，随着金融市场的不断发展，黄金被看作一种投资品种。投资者需要有一个良好的心态进行黄金的投资，学习更多的专业知识，以免触犯黄金投资的禁忌。

在进行黄金投资时人们总是会遇到长线还是短线投资的选择。事实上长线与短线并没有固定的判断标准，通常情况下超过1周的交易称为中长线交易。持仓时间在1周内的交易，称为短线交易。

灵活的短线黄金交易规则，创造了短线交易备受投资者追捧的局面。但在黄金投资的短线交易中，随着交易次数的增加，交易成本也会增加，所以黄金投资最大的忌讳就是频繁的短线操作。

黄金价格的起伏主要受其他因素变化的影响。除了供求之间的关系，黄金的价格还受汇率、石油、通货膨胀和政治事件的影响。其中，紧急国际政治事件，影响将是短暂的。如，1990年的伊拉克入侵科威特。除突发性的政治事件外，其他基本因素变化的影响周期会长达数年，甚至更长，因此投资黄金应该特别注意长期趋势。

> 例如，美国积累了巨额财政赤字很长一段时间。21世纪初以来，美元已经开始了一个漫长的贬值之路，导致以美元为计价单位的国际黄金市场开始了超过7年的牛市。
>
> 虽然美元的价格与黄金的价格趋势成负相关。但黄金上涨的速度与美元的下跌速度并不完全一致。这主要是因为黄金价格也受到其他因素的影响。2014年美元指数下跌33%。在同一时期，黄金价格上涨了66%。

一些初入黄金市场的投资者由于缺乏实践经验，买入黄金后，就开始担心是否他们的判断是错误的。当他们看到黄金交易略有利益时，立即想到抛出黄金进行短期的频繁操作，最终失去了更多的利润。经验丰富的投资者，在开始盈利时不会立即抛出，而是进一步确认黄金市场的价格趋势，然后基于对市场趋势的分析确定黄金的抛出时机。如果金价继续朝着有利的方向发展，投资者会继续耐心等待，让利润得以延续。

黄金市场的短线交易者，想降低风险，切忌频繁操作，追涨杀跌。为了追涨杀跌而进行频繁的买卖操作很可能会进入价格下跌的末班车，最终受到损失。

相对长期投资者，黄金理财中的短期投资对个人的心理素质和思维的要求更高。短期投资需要找到市场的短期趋势变化，这需要相当丰富的实际经验才能做出正确判断。短期投资者还需要判断当前的市场价格是高位还是地位，频繁的短线操作会使投资人不堪重负，不仅增加了交易的成本还加大了投资者的心理压力。

9.3　外汇理财技巧及注意事项

外汇是用一个国家的货币兑换另一个国家的货币，外汇理财就是利用各国货币之间的汇率变化取得利润。国家和国家之间，因为经济往来，产生了支付的关系。由于币种不同，需要在外汇市场进行兑换。

外汇市场是世界上最大的金融市场，交易的数量数以亿计，大于全球股市的交易总额。外汇理财就在这巨大的交易量中顺时而生，成为一种新的投资品种。为了帮助投资人更好地理解外汇理财，下文将重点讲述外汇理财的技巧及注意事项。

9.3.1　新手外汇理财入门

现如今，民众的理财观念越来越强，外汇理财作为一种投资新品种，得到了越来越多的投资者的关注。外汇新手，想要安全入门，就要注意一些问题。以下是给新手投资者的两个入门建议，如图9-9所示。

建议一	提高自身能力
建议二	做好资金管理

图9-9　给新手投资者的入门建议

（1）提高自身能力

外汇投资与股票投资、债券投资等有很大的区别。外汇资金的流动性非常大。每日高达数万亿美元，没有哪个人或团体有能力操纵外汇市场，这保证了外汇市场的稳定，对投资者的技术分析能力的要求也更高。因此，请投资者们谨记，外汇投资不能仅依靠运气，还需要认真学习有关外汇的专业知识，提高自身的技术分析能力。

（2）做好资金管理

外汇投资必须管理有方。如果投资者想在外汇市场上打一场长期战役，应该准备一份应急资金以防意外，并做好在每个阶段的资金计划，避免亏损对正常生活造成影响。这些准备工作可以减轻投资者的投资压力，重压之下可能会影响到投资者的操作方法，导致外汇投资的亏损。

做好以上两项基本准备工作，投资者就可以进入外汇市场了，在投资的过程中，注意避免以下三点外汇交易的大忌，如图9-10所示。

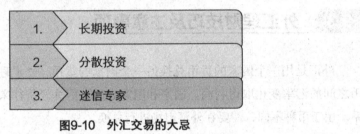

图9-10　外汇交易的大忌

1. 避免长期投资

外汇市场是一个相对的市场，其实质是一个零和博弈的场所。这个属性决定了它不适合长期投资。

> 数据是最好的证据。过去5年、10年或更长时间，不管投资者有什么样的货币转换的起点，长期投资只有两种可能的结果。
>
> 第一种是投资者交换货币的贬值，这是投资者实实在在的损失。相对好的第二种结果是，投资者交换的货币升值，但要通过结合时间换算来计算回报率。

在进入外汇市场前，投资者必须清楚地认识到，这个市场不适用巴菲特的价值投资，即低价买入长期持有的投资方法。这个市场需要勤奋的投资者，通过较为频繁的交易实现盈利目标。换句话说，外汇市场是一个真正的"交易"市场。

2. 避免分散投资

如果说"不要把鸡蛋放在一个篮子里"在其他投资理财中都是一条真理，那在外汇市场里这是一种谬论。因为外汇市场不同于其他市场资本，外汇市场有一个明显的锚，几乎所有的货币和这个锚的方向波动相同，外汇市场的秩序基于对锚的判断。如果采用过度多元化的投资策略，将会影响对锚的决策判断，反而得不偿失。

3. 不要迷信专家

许多新手投资者进入外汇市场会偏爱个别专家的分析。当然，有很多外汇分析师有良好的市场判断能力，但这并不意味着可以给投资者带来实质性的帮助。大多数专家评论都缺乏及时性，更重要的是，专家的大多数交易策略不一定适用于每个投资者。如果迷信专家推荐，忽略相应的动态利润、止损和个人的战略变化，投资者将在外汇市场处于劣势。

新手外汇理财要找到并坚持自己的交易策略，不要左顾右盼，在他人的不同意见中徘徊。在实践中应不断总结经验，历练自己。外汇新手总有一天也可以成为外汇投资领域的专家。

9.3.2 >> 外汇投资套利技巧

在外汇市场中，有各种各样的交易方法，套利就是其中常见的交易方法之一。套利交易是指利用外汇汇率的波动，低买高卖，赚取利润。

在外汇市场，套利的投资组合主要是基于国家的汇率差异，汇率由于不同国家与时间特性而有所不同。如20世纪80年代后期到90年代初期，日本经济泡沫后，零利率十多年，这是套利交易的萌芽时期。2000年之后，尽管互联网泡沫打击了全球经济，但迅速崛起的中国、印度、俄罗斯拉动了国际资本市场的财富增长，套利交易的时代拉开了帷幕。

套利交易是稳健的投资者主要的投资方式。有很多方法可以在外汇投资中套利，如图9-11所示。外汇套利并不困难，原理很简单，关键在于投资者是否善于发现细节。

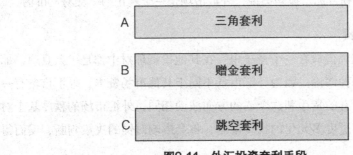

图9-11 外汇投资套利手段

1. 三角套利

这是一种利用三种不同货币进行套利的方法。它使用三种货币价格的汇率变化实现套利。理论上，如果投资者有一个低延迟的外汇交易平台，和一个较低的买卖价差，那么便有机会进行无风险三角套利。

> 例如，选择3种常见的货币：英镑、欧元和美元，就有3种不同的汇率兑换组合：欧元兑美元、英镑兑美元、欧元兑英镑。
>
> 我们假设：欧元/美元为1.1000；英镑/美元为1.3000，那么欧元/英镑的价格应该是0.8461（1.1000/1.3000）。然而，在实际的外汇市场的报价，报价并不一定是这样。如果欧元/英镑的报价并非0.8461，就出现了套利机会。
>
> 例如，欧元/英镑的价格是0.8467，投资者可以同时抛出欧元/英镑，买入欧元/美元，抛出英镑/美元。无论如何价格如何波动，3种货币的汇率起伏差不多可以相互抵消。只要同时平仓，投资者可以获得0.0006英镑的收益（0.8467—0.8461）。

2. 赠金套利

寻找2个有赠金的平台。例如，如果投资者存10000美元在附加15%赠金的甲平台，最后会有11500美元，同时存10000美元在附加15%赠金的乙平台，最后获得的也是11500美元。

接下来，投资者将甲平台做多，将乙平台做空。如果市场价格上升，甲平台的资金变为23000美元，乙平台为0，则收益为23000－20000－1500（赠金）=1500美元。

还有一种延时套利，与赠金套利的方法类似，但技术含量更高一些了。同样是利用两个平台的网络延时进行套利，这种机会非常少见，需要专业的软件，并花费大量时间盯盘。

3. 跳空套利

跳空套利，方法是利用外汇市场在周末的停盘，周一会有产生差距波动的可能性。投资者在周五接近停盘的时候注入大量资金，并设置一个止损位。周一市场重新开放后，直接进行几次交易获得利润。

如果投资者掌握了上述的外汇投资套利技巧，外汇交易基本上可以保持稳定的增长，不会发生亏损。

9.3.3　规避炒汇风险和人民币升值损失的方法

人民币升值对外汇投资的影响可谓"牵一发而动全身"，对人民币的持有者来说影响是积极的，而美元的持有者则增加了压力。很多投资者都在考虑结汇。对此，外汇投资的专家表示，是否抛空手中的外汇理财产品取决于外汇具体用途。如果外汇是为特定的目的，如出国留学等，不建议抛空外汇投资。此外，对于外汇投资只占一小部分的投资者，不建议结汇。事实上，留下一部分的外汇投资也是很好的理财组合。在当前形势下，人民币升值的趋势不会轻易改变，美元和港币则有贬值的风险，如果没有特殊用途，持有美元和港币的投资者可以结汇。

外汇投资有风险，人民币的升值也会造成一定比例的外汇投资者的损失。为了规避风险，避免损失，投资者可以尝试以下方法（见图9-12）：

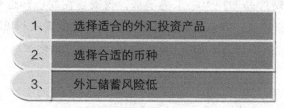

图9-12　规避风险的投资方法

1. 选择适合的外汇投资产品

投资外汇进行资产管理对投资者而言是多元化的选择之一。现有的国内固定收益投资产品和渠道足够让投资者获得相当的收益。因此，外汇投资的资产配置应该涉及股权类的高收益资产。

2. 选择合适的币种

人民币升值的压力主要来自美国。美国是中国贸易顺差的主要来源国。因此，外汇投资者投资的理财产品应以欧元或英镑为标的，短期内应避免涉及人民币兑美元的外汇投资。

3. 外汇储蓄风险低

尽管银行开设了各种各样的外汇投资理财产品，但外汇储蓄仍然是其中最为安全的投资方式。参与外汇储蓄可以规避炒汇的风险，选对了币种也不会受到人民币升值的影响。

（1）投资者有必要仔细选择外汇存款期限。外币的存款利率通常会受到国际金融市场的影响，利率变动频繁，价格波动大。如果处于利率相对稳定，且较高的时期，投资者可以选择长存款期间的外币储蓄（1年以上）。

（2）签订自动转移存款的协议。有了这个协议，即使投资者忘记了到期日，也不会影响投资者的收益，避免投资者失去应该得到的利息。

（3）货比三家，选择最高利率的银行。事实上，银行可以在一定的范围内自行调整外汇储蓄的利率。对于外币储蓄存款，如果不仔细挑选利率最高的银行，可能会亏损，减少的利息收入。

（4）合理规避损失。外汇储蓄业务中，"现钞账户"需要支付一定的手续费。所以外汇投资者不应该轻易转让现汇账户里的钱到"现钞账户"，使用多少现金就提取多少，以避免手续费用。

随着投资理财产品的种类越来越丰富，投资者需要选择适合自己的投资产品。外汇金融专家建议，外汇投资者应该意识到自己的需求和风险承受能力，在选择理财产品时，认识到市场风险，并选择正规的产品销售平台。

第 10 章

》房产投资:不动产理财实战技巧

善理财者,不加赋而国用足。

——(宋)王安石

自1998年住房改革以来，居民的住房价格一直在上升。2017年社科院的数据显示：我国的住房自有率达到93.5%。但不能否认的是，住房问题仍是年轻人的一大难题，房贷仍然是压在年轻人肩上的一座大山。可喜的是，我国政府颁布了抑制房价猛涨的一系列措施，目的是解决畸形的房价问题。毫无疑问，房价疯狂增长的时代已经落幕，混乱时代已经一去不复返。

因此，普通白领也可以尝试性地开始房产投资，避免在日后背上沉重的房贷负担。本章将针对房产投资，介绍一些不动资产的理财实战技巧。

10.1　适合年轻人租房的理财技巧

在目前的房屋租赁市场，85后的上班族为主要力量。85后在房屋租赁的选择上有明显的特点：他们在生活质量上追求更高的品质，相比买房子降低生活质量，他们更愿意选择租房。数据显示，有21.41%的白领住房租金超过工资的一半，比购房者的月供还要高。这说明有些白领即使支付得起房贷的月供，但仍然选择租房住。下文将针对这类群体介绍一些租房的理财技巧。

10.1.1　不要为存储空间过度花费租金

租赁住房的周围环境与装修是85后白领们考虑的一个重要因素。相关数据显示，40%的租户希望"必须装修精致，家电齐全"，20%以上的租户希望租房是"独立的公寓，小区服务设施完善"。还有相当多的租房者认为装修高于一切。为了生活在自己喜欢的房子里，他们会毫不犹豫地花费时间、金钱和精力，用于改造出租屋。

在我国的一、二线城市，租房几乎是每个年轻人必须走过的一条路。但是在租房的问题上，建议租住者不要为存储空间过度花费租金。装修花钱也要慎重。

一些租房族热衷于改造出租房，让自己居住得更加舒适。如果可以长期租赁，则可以对房屋进行适当的装修。如果只能租一年又要换房子，在装修上就不要花费太多钱。因此提醒租房族，在装修上的花费要慎重。如果想要更大的储存空间，可以通过学习收纳技巧来实现。

想要增加储藏空间,又不改变租房的装潢,可以应用模块式的收纳系统,如图10-1所示。

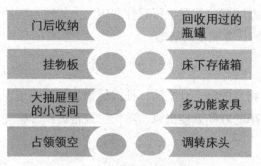

图10-1　模块式的收纳系统

1. 门后收纳

最大限度地利用门后的闲置空间,根据袋子的大小在门后增加两个挂钩,从上到下利用门后的垂直空间。无论是普通的衣服,还是季节性的围巾、手套,都有了不占用存储空间的新去处。

2. 回收用过的瓶罐

很多饮料瓶、糖果罐只用了一次就都被扔掉了,这实际上也是一种浪费。在清洗干净后,它们可以用来存储小物件。

3. 挂物板

挂物板可添加存储空间,使用简单,价格又低。挂物板可以根据房间风格涂成不同的颜色。最后,只需用一个小图钉就把不同的部件固定在木板上。

4. 床下存储箱

储物箱具有很大的装饰功能,即使没有藏在床底下,放在房间里也可以起到一定的装饰作用。将存储箱放在床下,可以获得更多的床下空间也能提高床的高度。

5. 大抽屉里的小空间

你是否曾经因为自己各种各样的小饰品无处放而烦恼过?把大抽屉分隔成许多小空间,就可以很好地收纳各种小玩意。

6. 多功能家具

使用可折叠的沙发、桌子既节省了大量空间，在更换租处时又容易搬运。将这些家具放置在靠近墙壁的位置，可充分利用室内的转角区域，使房间中部形成一个较大的开放空间，方便室内活动。

7. 占领领空

为了充分利用租房的每一寸空间，挂式储物袋是必不可少的。不用时就折叠起来能节省空间，用的时候就挂出来，不仅可以帮助租客整理小物件，还可以装饰墙壁。

8. 调转床头

大多数人在布置房间时都会选择床头靠墙。但为了放下更多的东西，靠墙的位置可以放置一个搁板。床头可以换一个方向。将存储空间最大化。

应用以上技巧增加存储空间，可避免花费高额的租金。有些钱能省就省，但有的钱该花的还是要花。例如购买保险。租客保险起源于美国，在欧美等发达国家，租客保险往往是最便宜的险种，赔偿范围包括水灾、火灾、盗窃等突发事件。

随着年轻人思想观念的不断开放和转变，以及房价的居高不下，在未来，房屋的所有权可能不再是一项刚需，越来越多的租客一族将不断涌现。希望租客们在享受良好的生活品质的同时，也可以有闲置资金去构建自己的理财规划。

10.1.2 ▶▶ 押金缴纳及避免租房贷套路技巧

租房子时要提前规划自己的财务状况，以防止因为租房费用而入不敷出。我国的房屋租赁，房东往往会采取"押一付一""押一付三"的收费模式，也就是一次性收取2～4个月不等的房租费用，并以部分作为押金。因此，在搬入前，租房者需要预留出至少够支付3个月房租的租赁费用。

按时付房租。保持账上有足够的支付房租的钱，逾期付租难免会影响租房者在房东心中的信用。如果需要提前搬走，租房者可以在不禁止转租的前提下将房屋转租给别人，避免违约的费用。

在传统的租赁市场中，房东与租客之间的互不信任导致了押金缴纳这一潜规则。但是押金对于租客们来说确实也是一笔很大的开支，有的租客在交完押金后不得不借贷交房租。

一些租房者表示，租赁合同签订后，会接到自称信息咨询公司的电话，让租房者以自己的名义提供储蓄卡，并"授权存管"给公司。大多数租客会听推销员的话，陷入了租房贷的套路。

事实上，当租房者"授权存管"给公司时，租户实际上是在向信息咨询公司申请贷款，这笔贷款完全是在租户不知情的情况下完成的。此类事件频发，有记者假扮租户深入了解行业内部，结果比想象的更为严重。

骗子们将原来的租金直接从贷款公司转到房屋中介公司。租户最终申请了分期付款贷款，并支付了"服务费"。这完全是校园贷款的变体。那么如何避免租房贷的套路呢？如图10-2所示。

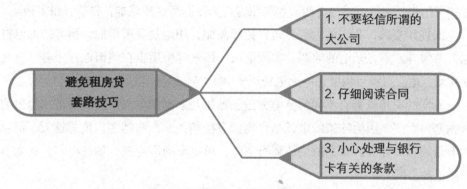

图10-2 避免租房贷套路的技巧

1. 不要轻易相信所谓的大公司

知名企业给人们的印象往往是，不会为了小利润而破坏自己的名声，违反法律法规更是不可能的。然而有些时候一些大公司也会为了利益而不择手段。

2. 仔细阅读合同

所有事情都要白纸黑字写清楚，合同上要能清楚地看到双方的签字。要小心"阴阳合同"。以信用租赁为例，虽然信用租赁合同签订具有法律效力，但需要注意的是合同中是否存在关于贷款的授权书。

3. 小心处理与银行卡有关的条款

试想一下，你只是租了一间房，为什么还要上报自己的银行卡号？一旦合同中发现关于银行卡的异常条款，不要轻信服务人员的一面之词，直接致电合同甲方，切入重点，询问要银行卡号是做什么。

经常问路才不会迷路，多问问身边的朋友和亲戚，可以帮租房者少走弯路。量入为出，不要超支。不管租房者追求多高的生活品质，租金不要超过自己的底线。专家的建议是房租不要超过收入的50%，为其他的理财方式留出资金，积累财富。切忌过度消费。

10.1.3 >> 合租房如何更省水、电、燃气费用

即使合租房可以平摊水、电、燃气、网费、物业费等费用，但从长远来看，这些费用仍是一笔不小的费用。如果租房者每月降低这些成本，将节省很多钱。

2018年夏天，我国的大部分地区持续高温，用电量显著增加，租客们的电费也节节攀升。不光是电的问题，实际上水、燃气等费用也在悄悄地发生着。合理使用水、电、气，可以节省一大笔费用。

不同的家用电器有不同的节电方法。冰箱是家庭用电大户，不要把冰箱里的食物塞得太多。因为冰箱的电耗与食物量直接相关，东西越多，负荷越大，消耗的电量越多。此外，食品的摆放要有空隙，可以流通冷空气，加速冷却，达到节约用电的目的。

相比冰箱的小空间，空调要保持整个房间的温度，消耗的电量要多得多。空调如何节能呢？使用一段时间后，大量的灰尘会积聚在空调的过滤网上。这些污物阻碍了气流的循环，使空调的冷却效果变差。在这种情况下，空调消耗的电能将会更大。因此，定期清洗空调可节省约30%的电力。

如何降低电器能耗是研究人员一直在试图解决的问题。新的节能电器也在不断地出现，但对于合租者而言，从身边的小事做起，养成节约用电的习惯是最重要的。

在我国，水资源短缺也是人们面临的问题之一。据计算，一个滴水的水龙头每天会漏下70升水，一年漏下25吨水。这种水龙头在我们的生活中并不少见。节约用水的意识有待加强。

事实上，只要我们注意身边的小事，节水是很容易做到的。例如洗手时，不用流动的水。洗蔬菜、水果和碗也是一样地间歇冲洗即可。

家庭洗衣机的用水量很大。为了节约用水，科研人员在保证衣服清洁的同时，尽最大努力节约用水。例如超声波洗衣机可节约30%以上的水。

除了洗衣机，马桶的用水量约占居民用水量的35%。一个3口之家每个月要用掉3000多升的水。事实上，家庭中的其他水也可以用来冲马桶。例如，洗衣机排出的水用盆接起来冲厕所。总之，家庭水电资源的保护不能仅依靠新技术和新产品的支持。我们每个人都要身体力行。

至于燃气的费用，及时地关闭燃气应该是每个人都能做到的。合租房的节省可以从各种细节入手，如上班族在家的时间很短，可以免去网络电视的费用，改为在周末看电影。搬家尽量别找搬家公司，我国的搬家公司费用非常高，如果租房者东西不算很多，完全可以自己搬家，或者请朋友帮忙，再请他们吃顿饭，成本远低于请一个搬家公司。如果租房者租住的是公寓式的出租房，可以免费利用公寓里的各种设施，还可以邀请朋友在公寓里聚餐。节省外出就餐的费用，喜欢健身的租房者也可以利用公寓里的健身设施免费健身。

10.2 背负房贷情况下的3种实用理财方法

虽然在政府强有力的宏观调控下，飞涨的房价已经慢慢趋于稳定，但当前的房价仍然相对较高，一次性付款的压力太大，所以很多人即使有充足的资金，在购买房子时仍然会选择贷款按揭买房。

按揭买房虽然需要支付利息，但仍然有技巧可以省钱，下面将重点介绍还款省贷的3种实用技巧，帮助购房者减少在房贷还款上的开销。

10.2.1 >> 每月房贷占比不超过家庭收入的三分之一

近年来，一个共同的话题萦绕在买房人的耳边"你的房贷还清了吗？"无论是70后、80后还是90后，都在感叹自从贷款买房后幸福指数暴跌。大部分的月薪都用于偿还贷款，从原本的小康生活降为温饱，这是"房奴们"的真实写照。房贷，影响着千万家庭的心，什么样的房贷比例最合适成为人们苦苦思索的问题。

天津的杨女士说，每月的房贷还款已经占她月收入的一半以上，成为每月最大的一笔开销。"自从买了房子，生活质量大不如前，会见朋友的次数大大减少了。甚至我每次买衣服和化妆品，都要选择比较便宜的。"杨女士的月收入大约是3500元。房贷的月还款超过了1900元。虽然杨女士已经拿到新房子的钥匙，但是，因为没有钱装修，房子买了半年还是空着，杨女士仍在与同事租房住。

杨女士承受着还房贷与租金的双重压力。"我不敢换工作，也不敢见朋友。"杨女士说，即便如此，她已经有了两个逾期还贷的记录。

银行工作人员表示，虽然经过国家政策的调整目前的房贷利息比例已经不算高，但对于很多年轻人而言仍然是一笔不小的支出，还款人承受着巨大的压力。

对此，银行的房贷专家提醒公众，月收入的三分之一是每月还房贷的警戒线，超过这条线不仅会降低生活品质，还有违约的风险。根据中国银行保险监督管理委员会的有关规定，"房贷客户的月房产支出与收入比应控制在50%以下"。在买房子之前，购房者必须首先做一个预算，因为一旦逾期还贷，不仅会影响个人信用记录，还会对日后的银行借贷产生影响。

如今，购房者通常可以通过两种途径支付房款。一是全额购买，另一种是贷款购买。因为房价的居高不下，大多数人只能选择贷款购买房子，所以很多购房者会关心还贷的问题，事实上房贷月供不要超过家庭收入的三分之一，原因如下。

1. 从还款方面考虑

按照规定，银行应该控制借款人每月的住房支出和收入比。从银行的角度看，为了保证能按时收回资金，设定月收入的50%是借款人的最高额度。但50%的月供比例对于借款人而言依旧太高了。从贷款人方面考虑，贷款越少，还贷的压力越小。

专家认为房贷月供不能超过家庭收入的30%，在买房之前，购房者必须要考虑到今后每月的还款压力。如果购房者是收入稳定的、单身或已婚但没有孩子的家庭，房贷的月供占收入的比例可以相对高一些，达到40%。

如果购房者已婚，年龄在35岁以上，并且有孩子，那么每月还房贷的支出不应超过家庭收入的30%。因为这个年龄的购房者需要确保日常家庭开支和孩子的学习费用，所以每月的还贷占收入的比例应适当减小。

2. 客观地判断自己的还款能力

每月月供超过月收入的三分之一会严重影响借贷者的生活质量。如果每月偿还贷款超过月收入的三分之一，购房者还款的压力将会非常高，甚至正常的生活费用和孩子的教育费用都必须为还房贷开绿灯。

因此，贷款人应详细了解自己的家庭收入，不能盲目高估自己的财务状况。未来收入不能规划的太高，尽量按照当前收入的三分之一规划房款借贷。避免出现逾期还款，产生不良的信用记录。

相信通过以上介绍，贷款买房者已经对还款与家庭收入的比例有了一个清晰的了解。当然三分之一并不是一个不可更改的数字，在这种情况下，有必要具体问题具体分析，根据自己的情况来确定贷款月供的比例，确保能在买到满意的房子的同时又不影响生活质量。

10.2.2 ▶▶▶ 更划算的购房款支付策略

在当前的商品房交易中，通常有三种类型的付款方法：一次性全额支付，双方签署销售合同时付清95%，剩下的5%在房屋交付时支付；分期付款的方式支付，即支付第一次付款后，余下的付款按进度分期付款，房子交付后，所有的付款支付完毕；银行贷款，支付方式是根据银行的贷款协议，每月向银行还贷。

那么，买房怎样付款最合算，不同经济实力的购房者有不同的付款技巧。如果购房者有很好的收入、足够的钱买房子，房地产的开发人员也有良好的声誉和雄厚的经济实力，购房者可以选择一次性付款。大多数房产商对于一次性付款的购房者，往往会给予一定程度的折扣。此外，如果购房者一次性支付房款，就即时拥有了产权，或自己住或租赁出去，都可以按照自己的意愿来办。

如果购房者没有足够的资金来一次性支付全款，可以使用分期付款的方法。如果购房者有住房公积金，可以申请住房公积金贷款。如果没有住房公积金，可以在商业银行申请个人住房贷款，减轻一次性支付的财务压力，但分期支付总价格会高于一次性付款。

购买房子通常是大多数中国人最大的消费。一次性支付方式与分期付款两者的区别是什么？又各自有何优点？

首先，一次性付款。房子的买家在一次性支付全部房款的同时，获得房子的所有权。这种支付方式的操作相对简单，其最大的优势是，可从卖方得到一定的折扣。不利的因素是，这种支付方式需要大量的现金，即使资金充足的购房者也可能一时无法拿出，除了从朋友和亲戚处借款周转外，如果从银行取出存款，常常会导致利息的损失。此外，购买期房，一次性付款的风险较大。如果房产商没能按时交付房子，甚至由于资金不足等问题导致房子变成烂尾楼，购房者可能会失去更多的利益。

分期付款方式的特点是：购房者在施工期间付首款，并与开放商签订正式的房屋买卖合同。房屋交付使用时，购房者支付全款，同时获得房屋的所有权。除了购买期房，购买现房也可以分期付款。房子的交付与价格支付并不同时进行，交付在前，完成支付在后。

将这两种支付方式做比较，分期付款的缺点在于分期付款支付的时间越长，利率也就越高，所以在购买房子上的总支出将高于一次性支付。然而，如果购房者将通货膨胀与收入增长、支付能力等因素结合起来看，分期付款更为划算。需要说明的是，并非所有房产项目都可以分期付款，分期付款的支付方式是由买方和卖方在合同中约定的。分期付款缓解了买方的购房压力，房产商也承受着项目需要按时交付的压力。

如果选择了分期付款就要背负房贷的压力，购房贷款是大多数30岁左右的上班族的主要开销。许多白领一族戏称自己是"房奴"。购房贷款政策的一举一动影响着千万家庭的神经。尽管还贷款是一个痛苦的过程，但掌握了以下4种还房贷的技巧可以帮助购房者减轻一些压力。

1. 房贷跳槽

房贷跳槽通俗来讲就是"转按揭"，这意味着新的贷款银行帮助购房者找到一个担保公司，还清原贷款银行的钱，然后在新的贷款银行重新办理贷款业务。如果购房者当前的贷款银行没有贷款折扣，购房者完全可以使用房贷跳槽的技巧寻找可以给予折扣的银行。当然，使用房贷跳槽的手段免不了一些再借贷的成本，如担保费用、评估费用、抵押贷款费用、公证费用等。一些银行为了吸引客户，可以针对这些成本推出了"低成本转按揭"的服务，免除最大的担保费用。其余的成本不到1000元。

2. 按月调息

自2006年以来，许多商业银行推出固定利率房贷业务。固定利率略高于同期浮动利率。只要中央银行加息，其优势将立即显露。但是一旦中央银行降息，选择固定利率房贷的购房者会遭受损失。因此，在当前降息的大趋势下，如果购房者之前选择的是固定利率贷款，最好转为浮动利率。然而，从"固定"到"浮动"的转换需要购房者支付一定的违约金。

3. 双周供省利息

"双周供"是将原本每月偿还一次的贷款变为每两周偿还一次。这种还款方式虽然增加了每月的还款数额，但可大大缩短了还款期，期限的缩短意味着贷款需要支付的利息减少了。节省了购房者购买住房的总费用。对于那些有稳定的工作和稳定收入的白领一族非常适用。

4. 提前还贷缩短期限

如同支付宝的花呗可以提前偿还一样，购房者的房贷也可以提前偿还。对此，专业的理财人士建议，购房者提前还贷之前要算好账，并非所有的提前还贷都可以省钱。例如，购房者的还贷年限已经过半，这种情况下提前还款的意义不大，但是在还贷的初期，利息较高时使用提前还贷的方式可以有效地节省资金。

此外，提前还贷一部分后，剩余的贷款应该缩短还款期限，同时每月的还款金额保持不变。因为银行利息的计算主要是根据时间成本，缩短贷款期限可以有效地减少利息费用。如果贷款周期缩短，降入低利率贷款范畴，提前还贷的好处将更加明显。此外，在降息的过程中，短期贷款的利率会下降的更多。

"一入房贷深似海"，合理使用以上4种技巧可以帮助购房者减轻偿还住房贷款的压力。从国家统计局的数据来看，国内多数城市的房价还在上涨，房地产市场仍然处于上升时期，且短期不会有大的变化。房贷仍是压在购房者身上的一座大山，掌握可以省钱的还贷技巧对购房者而言有重要意义。

10.2.3 >>> 公积金效用最大化3步走

很多人都知道他们有公积金,却不知道公积金从何而来。简单地说,公积金是企业和个人一同缴纳的为购房专门准备的储蓄资金。住房公积金具有强制性。如果单位不予办理,住房公积金管理中心有权责令企业在规定期限内为员工办理。

另外,公积金的使用不仅仅局限于买房的时候。因为公积金不能直接用于缴纳房子的首付款,首付款只能用自己的自有资金来解决,首付款缴纳完成后,后续资金可以按照规定由公积金缴纳。那么如何使公积金实现最佳的财务管理收益呢?以下3个步骤可以帮助你实现公积金效用的最大化。

1. 查询、计算公积金余额

首先要知道的是你的公积金有多少。

计算方法一:以北京为例,假设某企业员工的月薪是5000元,个人和企业的缴纳比例为12%,那么每月缴纳的住房公积金是:5000×12%×2=1200元,总计每年14000元。

还有的城市企业存缴比例为5%。依然按照月薪5000元计算,一年缴纳6000元的公积金,工作5年可以积累3万元的公积金。

计算方法二:软件查询,打开支付宝首页,点击我的应用中的城市服务,里面有公积金查询的选项,输入相关信息即可查询个人账户中公积金的总金额。如图10-3所示。

2. 使用公积金让收益增加

2016年起,租房公积金存款利率上调,但这些收益是远远不够的。现阶段,

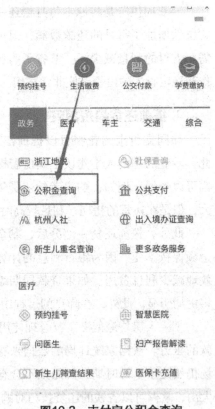

图10-3 支付宝公积金查询

我国的住房公积金使用效率还不够高，很多人的公积金基本处于闲置状态，大多数都是被存放在银行里很长时间了。所以持有者应该想办法提高公积金的使用效率。

住房公积金是指住房公积金管理中心收取的资金，扣除出借、提取后的余额为"资金沉淀"。这里的存款余额也是缴纳金额与贷款余额的差额。

除了购房使用公积金外，想要将公积金的效用发挥到最大，就要充分利用沉淀资金。缴纳住房公积金的人员可以根据相关政策提取资金用于支付购房款。也因此，形成了住房公积金的资金沉淀。具体原因如图10-4所示。

---

1. 当住房公积金的资金流入大于流出，净增资金将不可避免地产生。资金的流入造成了资金的沉淀。

2. 贷款利息收入、保本收入和增值收入流入。向公积金缴纳者支付利息，向银行支付成本费用。收入与成本的差额是资金的沉淀。

3. 根据《住房公积金管理规定》，管理中心在年终结算后要计提的风险准备基金与发展基金，也可以产生资金沉淀。

图10-4 资金沉淀的产生原因

以10000元的资金沉淀为例，公积金账户里的收益为150元，余额宝约为380元，其他理财产品可能会更高。

3. 除了买房外，公积金的其他用处

（1）申请公租房，用公积金支付房租。连续存入公积金3个月，即可以用住房公积金支付公租房的租金。按照租赁公屋的价格全额提取公积金（公积金总额不低于房屋实际租金）。如果租住的是商品房，公积金提取额度将根据当地的租金水平和租住面积而定。

（2）也可以提取公积金用于治疗重大疾病或手术住院的费用，不仅是缴纳者本人，也可以为家庭成员支付住院费用。但总提款金额不得超过个人偿付的住院费用。

（3）遇到自然灾害和人为灾难。公积金可以用来应急一些意想不到的紧急事件，如火灾、意外伤害等，家庭出现重大变故的，或员工纳入了政府的最低生活保障范围，可以提取一部分住房公积金应急。

（4）老房子装修。自住房购买10年想要装修的，也可以提取公积金。但房屋的装修总额不得超过8万，同一住房的装修费用只能提取一次。

（5）公积金还可以用来缴纳物业管理费，额度按实际支付的物业管理费确定。

（6）离职、退休、定居国外时也可以提取一部分的住房公积金。

公积金的用途不止体现在偿还房贷，通过以上三步骤可以清楚自己的账户余额，并充分利用公积金账户里的资金沉淀，实现公积金效用的最大化。